Verse und Lieder zum Sprachaufbau

W0376935

ein Praxisbuch zur Förderung der Grammatik

Giselher Gollwitz

Pädagogischer Fachverlag
Giselher Gollwitz
Kanalstr. 12
93077 Bad Abbach
Tel. 09405-2500/ Fax 09405-4879

ISBN 3-927641-07-3

Grafische Gestaltung: Ruth Ibañez

Druck: Studio-Druck, Regensburg

Der Umwelt zuliebe aus chlorfrei gebleichten Papier

Inhaltsverzeichnis

ZIRKUS

Die ganze Welt ist Bühne,
und alle Frau´n und Männer bloße Spieler.
Sie treten auf und gehen wieder ab.
Sein Leben lang spielt einer manche Rollen,
durch sieben Akte hin.

Shakespeare

Grundlegung :

Geformte Sprechverse und Lieder sind in besonderer Weise geeignet, das kindliche Sprech- und Sprachvermögen zu fördern. Unter der Voraussetzung, daß wir auf einem sehr ***elementaren verbalen Niveau*** ausdrucksintensive Gestaltungen anstreben, erreichen wir auch unsere sprachschwächeren Kinder. Sie geraten beim Hören geeigneter Verse und Lieder in Bewegung und beginnen zu sprechen:

> *Es sind der Klang, der Reim und der Rhythmus, die mit ordnender Kraft den Texten eine deutliche Gestalt geben. Die vorliegenden Texte erwachsen alle aus Handlungen, Szenen oder Bewegungen, deren Strukturen sich im allgemeinen in besonderer Weise auch in den Textgestalten niedergeschlagen haben.*

Elementare Lieder sind „nahe" an der einfach gehaltenen Sprache. Sie geben der Sprache eine markante Ausdrucksgestalt. Melodisch bewegen sie sich in einem eingeschränkten Tonraum in kleineren Intervallen. Ihre rhythmischen Muster sind leicht zu erfassen. Dynamisch und melodisch werden manchmal einzelne Wörter oder Satzarten hervorgehoben.

Diese Kriterien lassen sich vom Grundsatz her auch bei Versen verwirklichen.

Insgesamt beeinflussen Verse und Lieder nicht nur die Handlung und die Bewegung. Sie unterstützen auch das sprachliche Denken. Aufgrund der ständigen Wiederholung, die von Freude und Frohsinn getragen ist, schleifen sich über die klanglichen Merkmale der Sprache hinaus auch Satzkonstruktionen ein. Der ganzheitliche Zugriff verhindert den Verbleib in der reinen Übungssprache. *Das Spiel steht im Mittelpunkt, ein Sinn ist gegeben.*

1. Aspekte der Sprachförderung mit Versen und Liedern

1.1. Elementarer Aspekt:
Während sonst üblicherweise ein Handlungsgeschehen sprachlich abgebildet wird, besitzen bei diesen Versen und Liedern die Zeichen selbst des öfteren semantische Bedeutung.
Die Zeichenträger (Laut- und Sprachgestalten) sind somit nicht willkürliche Setzungen für die zugrundeliegenden Handlungsinhalte. Durch ihre Auswahl (Lautmalereien) und ihre musische Aufbereitung sind sie selbst zu „Anzeichen" für die Handlungen geworden.

- *Bestimmte häufig auftauchende Laute können z.B. Anzeichen für typische Geräusche in der Handlung sein.*
- *Häufige Lautausformungen in Versen werden oftmals auch kinästhetisch gespürt und können mit grobmotorischen Bewegungen assoziiert werden, etwa ein „Rrr" mit einer Drehbewegung.*
- *Lautmalereien (Tierstimmen, Bewegungsweisen..) bilden in direkter Weise das szenische Geschehen ab. Das handlungsbegleitende Sprechen von Versen ist daher sehr wichtig.*
- *Stimmführungsmuster können Bedeutungen besitzen, die in der Handlung selbst liegen („Berg- und Talfahrt"). Sie können später auch Satztypen anzeigen, z.B. die Satzmelodie beim Fragesatz.*
- *Rhythmische Sprechweisen sind angebracht, wenn die Handlung es erfordert, z.B. bei Maschinen und Robotern.*
- *Die Lautstärke zeigt an, ob sich eine Handlung „steigert". Wenn ein Gewitter entsteht, ein Gespenst immer größer wird.., ist eine Dynamisierung der Lautstärke notwendig.*

Bei diesem *elementaren Ansatz* nehmen die musischen Akzente gewissermaßen eine Mittlerfunktion ein zwischen der Konkrethandlung als solcher und der sprachlichen Abstraktion, wie sie im nächsten Abschnitt beschrieben ist.

1.2. Weiterführender Aspekt:
Verse und Lieder sind bei richtiger Setzung auch aus grundsätzlicher Sicht von großem Wert für sprachauffällige Kinder. Verschiedene Reimformen lassen diese Texte zu „Ohrwürmern" werden. Somit wiederholen Kinder gerne und freiwillig Sätze, die wir als ***Zielsätze*** methodisch eingeplant haben. Je nach Sprachförderinhalt variieren wir von Strophe zu Strophe nur die Verben oder aber bestimmte Substantive usw... Die grundsätzlich handlungsbegleitenden Sprechszenen betonen auf spielerische Weise stets das Lernfeld.

Anders als bei herkömmlichen Liedern beziehen wir oftmals die Namen unserer Kinder in die Verse und Lieder mit ein. Auch dann, wenn die Silbenzahl ihrer Namen nicht dem Versmaß entspricht, passen wir durch kleine rhythmische Veränderungen diese Namen trotzdem ein. Wir erreichen hierbei ein höheres Maß an Identifikation und Beteiligung.

C. Orff bezeichnet sinnigerweise das *Lied* als „überhöhte Sprache". Diese Denkweise machen wir uns zueigen und wollen auch den *Vers* in ähnlicher Weise sehen.
Wir sind im übrigen der Meinung, daß die hier angebotenen Lieder nicht unbedingt gesungen werden müssen, sondern auch als betonte Sprechverse ihre Wirkung nicht verfehlen. Wichtig ist nur, daß Handlung und Sprache „aus einem Guß" sind:

- Die Handlung muß den Sprachinhalt wirklich „abbilden".
- Die musische und die sprachliche Form besitzen eine Ähnlichkeit mit der Handlung.
- Handlung und Sprache sind auf dem gleichen elementaren geistigen Niveau.
- Handlung und Sprache sind als Einheit zu sehen.
- Das Kind kann sich mit der Sprech- und Spielszene in gleicher Weise identifizieren. (gelebte Ganzheit!)

Der geformte Körper- und Sprachausdruck besitzt eine nicht zu unterschätzende pädagogische und therapeutische Förderfunktion. Im Idealfall wirkt eine gesunde „Körpergrammatik" organlogisch in die Sprache hinein.
Wir wollen somit primär eine Bewegungsfreude, bei der das Kind es lernt, seine eigenen Handlungen immer besser wahrzunehmen, denn schließlich ist auch das Sprechen selbst ein „Handeln mit anderen Mitteln". Die Motivation zum Sprech- und Sprachhandeln ist intrinsisch, wenn sich die motorisch-musischen Mittel an den kindlichen Fähigkeiten und Fertigkeiten orientieren. Nicht der Leistungsgedanke steht im Vordergrund. Die Freude an der bewegten Sprachgestaltung lenkt das Denken auf die Möglichkeiten, die das Kind schon besitzt. Es geht nicht um irgendein „Theater", sondern um den natürlichen Ausdruck.
Das Kind verwirklicht sich auf dem Niveau seiner Handlungs- und Symbolkompetenz und es besitzt schon eine ganze Fülle von Ausdrucksmitteln, die es zu wecken gilt. Von einem verfrühten Formalismus wird abgeraten.
Auch wenn die Bewegungs- und Sprachkonzepte noch sehr einfach sind, so wird das Kind über ständige spielerische Wiederholung und dosierte Ausweitung zu geradezu routinehafter Einschleifung sinnvoller motorischer und sprachlicher Formen kommen („rote memorization" nach Mc Whinney).

Überforderungen werden vermieden, wenn stets das kindliche Sprachniveau die Richtschnur der Planung und Handlung ist. Wir orientieren uns hierbei an der augenblicklichen Bewegungs-, Symbol- und Sprachkompetenz unserer Kinder und beachten vor allem auch deren Motivationslage.
Das Einstudieren von Liedern nach der „Papageienmethode" des Vor- und Nachsingens ist nicht unsere Absicht. Kinder finden zur Sprache über eine interessenbezogene Spielhandlung und nicht über die reine Nachahmung und den Drill. Was sich beim Spiel wirklich einschleift, sind verbale Ordnungsstrukturen, die aus einer häufig und intensiv erfahrenen Konkretion stammen. Aus seiner lustvoll erlebten Tätigkeit heraus wird das Kind sprachlich.

2. Versformen

Die älteste Form der Versbindung finden wir beim ***Stabreim*** (Alliteration). In den altgermanischen Sprachen war diese Art der Reimbildung sehr beliebt. Charakteristisch für den Stabreim ist die häufige Wiederkehr gleicher Laute, was einem Text eine besondere Prägung gibt. Es sind nicht nur die interessanten Klangeffekte, die sich ergeben, wenn mit Regelmaß immer wieder der gleiche Laut auftaucht. Zweifellos ist es auch ein gutes Gedächtnismittel, wenn Schlüssellaute einen Text in einen Vers verwandeln. Es entstehen markante Gestalten, weil diese ausgewählten Laute den Text als solchen zu einem Ganzen verbinden, indem sie ihn klanglich gliedern. *Das Prinzip der Verbindung und das Prinzip der Gliederung* sind nicht etwa Gegensätze, sondern Ergänzungen! Wir erkennen dies, wenn wir folgende heute noch gängigen Stabreime auf uns wirken lassen:

„**St**ock und **St**ein" - „**W**ind und **W**etter" - „**K**ind und **K**egel"

Der ***Endreim*** ist uns allen bekannt. Diese Versform wird üblicherweise heute auch bei vielen Liedern verwendet. Kennzeichnend sind die Analogieschlüsse am Zeilenende und der gliedernde Rhythmus.

3. Die methodische Planung von Versen und Liedern

Es ist durchaus sinnvoll, bei der Sprachförderung die sehr einprägsamen und urtümlichen Stabreime einzubeziehen. Man kann mit dieser Reimform ein sehr weites Spektrum der logopädischen Arbeit von der phonetisch-phonologischen Sprachebene bis hin zur syntaktischen Sprachebene abdecken. Schließlich sind alle sprachlichen Subsysteme nicht unabhängig voneinander zu sehen(Panagos); sie beeinflussen sich gegenseitig. So wird heute zumeist anerkannt, daß ohne eine Entwicklung des lautlichen Bereichs ein Grammatikerwerb auch nicht möglich ist (Phonologie-Hypothese).

3.1 Verse/Lieder mit Stabreim und Endreim:
Der **Stabreim** hat beim Übergang vom Lautlichen zum Wort und Satz eine große Bedeutung, weil es zum Wesen dieser Versform gehört, daß ein bestimmter Laut /eine Lautverbindung ihn prägt!
Eine ideale Versform ist natürlich dann erreicht, wenn ein Text ***sowohl den Stabreim als auch einen Endreim*** enthält. Selbst sprachschwache Kinder werden Verse dieser Art gut memorieren können und bei ständiger handlungsbegleiteter Wiederholung auch grammatikalische Fortschritte machen. Wir sollten aber beachten, daß wir unsere Lernanliegen nicht künstlich in solche Muster zwängen.

Beim Thema ***„Schlangen I - Die Schlangenbeschwörung“*** finden sich z.B. zwei Sätze mit dieser doppelten Charakteristik, die im Vorfeld der eigentlichen Grammatikarbeit auf das Erkennen und Unterscheiden wichtiger Laute (SCH ↔ S) abzielen:

Schlaf, mein Schlinge-Schlänge*lein*,
schlaf doch *ein.*

Es/Sie tanzt lustig hin und **her.**
Solch ein Lied - das mag es/sie **sehr**!

Wenn nun im gegebenen Fall nicht nur die wichtigen Laute SCH und S in solchen „doppelwertigen“ Versen unterschiedlich gesprochen werden, sondern auch in Analogie hierzu gehandelt wird, so verbessert sich aus ganzheitlicher Sicht die Sprach- und Handlungskompetenz unserer Kinder.

Die „Schlange“ schläft mit entspannt gerundetem SCH-Mund und eingerolltem Körper ein. (Erspüren der Entspannung)

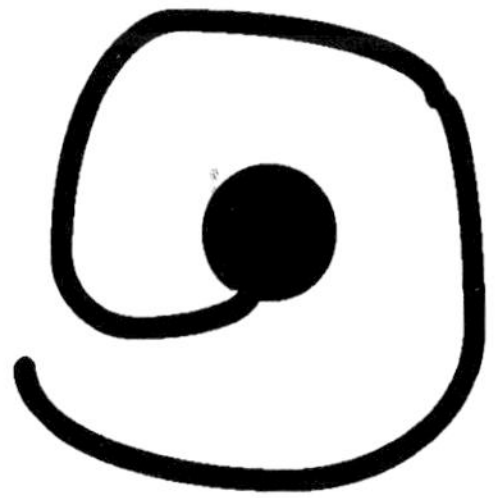

Die „Schlange“ streckt sich mit S-Bewegungen aufwärts und spannt hierbei den Mund wie beim „S“. (Erspüren der Anspannung)

3.2 Verse/lLieder mit Lautmalereien
In Endreim-Verse sollten gelegentlich auch Lautmalereien (Onomatopöien) eingebaut werden. Wir erreichen hierbei mehr „Farbigkeit“ und Verständlichkeit, weil - ähnlich wie bei permanenten Lautwiederholungen - das kindliche Denken

mit auditiven und kinästhetischen Wahrnehmungen gestützt wird, die der Konkrethandlung sehr viel näher stehen als das formal-konventionelle Sprachsymbol. Beim Thema „das Feuer" finden wir etwa den Endreim

knister, zisch, prassel, fauch,
Feuerflamme und auch Rauch.
usw...

Die Kinder spielen „Feuer" , nachdem sie zuvor Knister-, Zisch-.. geräusche gehört und produziert haben. Aufgrund dieser Sensibilisierung für lautliche und sprachliche Abläufe schaffen wir eine gute Bereitschaft auch für einen spielhandlungsorientierten Erwerb *sich anschließender grammatikalischer Strukturen.*

3.3 Verse/Lieder mit Endreim

Der Endreim als solcher wird in Versen und Liedern gerne verwendet. Wer selbst solche Texte fertigt, wird darauf achten, daß die *variablen Teile des Textes (eigentliches Lernfeld)* nicht selbst in den Endreim geraten, da sonst eine Führung in Strophen meist sehr schwierig ist.
Beispielhaft sei hier folgendes Lied („Tierspiel II") angeführt:

Die Schlange kriecht! Die Schlange kriecht! Sie kriecht im Kreis **herum**!

Die Schlange kriecht! Die Schlange kriecht, und schaut sich **um**!

Das Nilpferd stampft! Das Nilpferd stampft! Es stampft im Kreis **herum**! usw.

Die Ente watschelt! Die Ente.. usw.

Der Endreim gibt der Sprech- oder Singhandlung gewissermaßen den Rhythmus vor. Die grammatikalischen Lerninhalte *(Schrägdruck)* werden spielerisch und ohne Leistungsdruck in den Rhythmus integriert. Gelernt wird somit ganzheitlich auch mit der subdominanten Gehirnhälfte.

Nehmen wir die Geschichte vom „*gelähmten Tausendfüßler*" ernst:
Der Hinweis auf eine motorische Besonderheit in seinem 999sten Fuß macht ihn bewegungsunfähig!

Es empfiehlt sich, die Texte zur anfänglichen Eingewöhnung nicht zu schnell sprechen oder singen zu lassen:

- die Handlung soll in prägnanter Weise parallel erfolgen können
- die Lernsätze enthalten manchmal andere Silbeneinheiten als sie der Vers-Grundrhythmus vorsieht (s.o. z.B. „watschelt" oder aber die Eigennamen der Kinder). Wir sollten aber kein echtes Problem darin sehen. Die Spielhandlung selbst prägt das Geschehen und eben hier ist eine gewisse Variabilität wichtig.

3.4 Verse/Lieder mit prägnanten Wiederholungen

Bei Echo-Liedern und bei manchen anderen Texten kann man sich einfache Wiederholungen vorstellen, die im Sinne eines Sprachaufbaus ihre Wirkung zeigen. Ähnlich wie bei sprachheilpädagogischen Modelliertechniken* ist gelegentlich auch die reine Imitation angebracht. Anders als beim papageienhaften „Nachplappern" sind es in unserem Zusammenhang allerdings eher die spielerischen Effekte, die zum Tragen kommen.
Vor einer Übertreibung dieses Aspekts muß jedoch gewarnt werden.
Beim Thema „ Das Land des Lachens" soll z.B. das „ansteckende Lachen" über Imitationen angeregt werden:

Hi - hi - ha	Hi - hi - ha
hi - hi - hi - hi - hu	hi - hi - hi - hi - hu
usw...	

* z.B. Handbuch der Sprachtherapie - Band 4 :„Störungen der Grammatik" (M,. Grohnfeldt - Hsgb.) ISBN 3-89166-443-5 - S. 182 ff

Mit Imitationen dieser Art erreichen wir, daß Kinder sprachliche Abfolgen bewußter wahrnehmen und gestalten. Diese Bewußtheit soll dann später auch im morphologisch-grammatikalischen Bereich möglich sein.

Möglich wären auch Varianten im vorsprachlichen Bereich, z.B. *Zungenschnalz-Gedichte*, die allerdings den Rahmen dieses Buches sprengen würden:

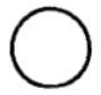 = Schnalzen mit U- Mund 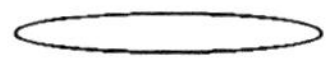 = Schnalzen mit I - Mund

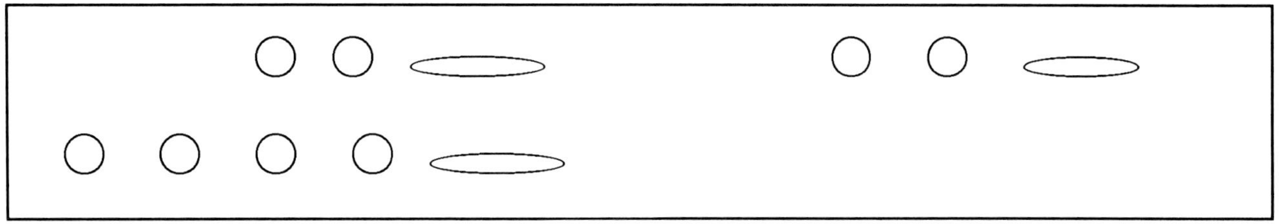

Mit ***Klatsch-, Patsch-, Stampf- und Schnalz-Gedichten*** lernen die Kinder, sich auf Abläufe einzustellen. Sie wiederholen und erweitern serielle Ereignisse, was in der Folge auch bei sprachlichen Ereignissen zur Wirkung kommen kann.

3.5 Verse/Lieder ohne expliziten Endreim

Die Reimstruktur ist nicht grundsätzlich wichtig, wenn es um prägnante Sprachgestalten geht. Manchmal genügt es, wenn bestimmte Sätze oder Wörter in einer rhythmischen, melodischen oder dynamischen Weise vorgetragen werden. Im Beispiel „Die Phantasiemaschine" lernt das Kind Wörter und Sätze über melodische und rhythmische Merkmale:

Sprechen im Maschinenrhythmus: Zie kne ten ..
- hen, hen, - ten,
zie - kne -

Sprechen von Fragen oder Aufforderungen
(Satzmelodien!)

Kannst du boh- ren?

Du sollst schnei- den!

Sprache soll nicht nur deutlich und gut artikuliert gesprochen werden. Merkmale wie Betonung, Stimmführung und Rhythmisierung veranschaulichen ihre Gliederung. Hierbei verbessert sich die Wahrnehmungsfähigkeit für morphologische und syntaktische Gestalten.

4. Wichtige Hinweise zum Gebrauch des Buches:

1. Die Verse und Lieder sollen die LeserInnen *zur Eigengestaltung anregen.* Das Erfinden und Gestalten von Texten und Melodien wird vom Entwicklungsstand der Kinder, ihrer Interessenlage und der gewählten Sozialform (Einzel-, Gruppen-, Klassenunterricht) abhängen. *Die meisten traditionellen und neuzeitlichen Kinderverse und -lieder sind für unsere sprachschwächeren Kinder zu schwierig. Außerdem besitzen sie meist keine explizite sprachaufbaubezogene Lernzielorientierung.*
2. Die im Buch erscheinenden Lieder können durchaus auch nur als Verse gesprochen werden. Eigentlich sind es ganz besonders die Rahmenhandlungen, die die motivierende Grundlage sind.
3. Diejenigen unter uns, die sich für Liedbegleitungen mit Gitarre entscheiden, können dies in einfachster Weise mit Kadenzen tun. Die Melodien sind so elementar, daß neben dem Grundakkord die beiden anderen Akkorde auf der vierten und fünften Stufe genügen! (evtl. gelegentlich noch eine Moll-Variante)
4. In einigen Fällen werden die LeserInnen bei den gegebenen Texten auch Wörter verändern oder neue Strophen hinzufügen. Wählen wir z.B. andere Tiernamen oder setzen die Namen der beteiligten Kinder ein, so paßt dies nicht immer zum vorgegebenen Rhythmus. Es entstehen in diesen Fällen jedoch keine Probleme, wenn man vielsilbige Wörter verschleift oder Einsilber dehnt.
5. Die Liedtexte erscheinen an einigen Stellen in Umriss-Schrift. Das bedeutet dann, daß es sich an dieser Stelle um einen von Strophe zu Strophe veränderbaren Textteil handelt.

6. Die Texte der Lieder und Verse sollen hochfrequent und stets in Handlungszusammenhängen gesungen bzw. gesprochen werden. Sehr günstig wäre auch eine Weiterführung in immer neue Zusammenhänge hinein unter Beibehaltung des Wortmaterials und der Satzstrukturen.

Das Erfinden von einfachem Vers- und Liedgut fällt uns nicht schwer, wenn wir mit ein wenig Übung situations- und entwicklungsgerechte Texte in der oben dargestellten Art entwerfen und von den Kindern mitgestalten lassen. Wir sind uns stets dessen bewußt, daß wir uns am Ausdrucks- und Sprech-/Sprachverhalten dieser noch verbal unsicheren Kinder orientieren. Schaffen wir mit Akzeptanz auch diesen Jungen und Mädchen einen Zugang zum „gelebten Ausdruck"! Ermöglichen wir auch ihnen eine positive Sprach- und Persönlichkeitsentfaltung!

Bad Abbach, im Herbst 1996

Giselher Gollwitz

Schlangen

Titel: Schlangen - I

Dieses Kapitel soll den Praxisteil der Arbeit einleiten. Es unterscheidet sich von den anderen durch seine größere Weitläufigkeit. In den anderen Kapiteln erscheinen die hier geschilderten weiteren Zusammenhänge verkürzt in den Unterabschnitten „sequentielle Einbettung".
Was an dieser Stelle deutlicher zutage treten soll, ist die hochgradige Verknüpftheit der Prozesse, die zum Sprachaufbau führen. Fast alle wissenschaftlichen Forschungen zeigen auf, daß grammatikalische Beeinträchtigungen meist nicht erst auf der Ebene der Grammatik angegangen werden können. Der Erfolg unserer Arbeit hängt davon ab, ob es uns gelingt, die phonetisch-phonologische, die morphologisch-syntaktische und die lexikalisch-semantische Sprachebene miteinander zu verbinden, wobei der Sinnbezug für unsere Kinder (kindliche „Pragmatik") nicht verlorengehen darf.
Der Praktiker hat es nicht immer leicht, die Vorgaben der Wissenschaften direkt in seine tägliche Arbeit zu übernehmen. Auch fehlt es manchmal an gesellschaftlicher Akzeptanz, weil sprachliche Leistungen oftmals „höher" angesetzt werden. Um hier etwas mehr Sicherheit zu vermitteln, soll jetzt - gewissermaßen als geistig-praktische Leitlinie - ein ausführlicheres Modell dieser Ganzheit schematisiert werden.
Anfangs betonen wir grundsätzlich stärker die elementare Handlung und ordnen die Sprache unter. Wir schaffen hierbei einen für die Kinder erkennbaren Sinnbezug. (semantische Basis). Während sich Kinder im folgenden Beispiel auf das *Spiel mit „Schlangen"* und *als Schlangen* konzentrieren, wird bei dieser Tätigkeit gleichzeitig elementare „Sprache" ausgelöst. Die Kinder zischen z.B. wie Schlangen und interagieren mit den Bezugssystemen:

> *was sie sehen, spüren oder hören („Schlangen"), wird zur eigenen Rolle gemacht („Ich als Schlange"). Der von außen kommende Eindruck wird wahrgenommen und sinnvoll verarbeitet. Dabei wird er sukzessive auch zum „sprachlichen" Ausdruck (role taking - role making).*

Noch ist auf dieser Stufe die Fremdwahrnehmung (taktil, visuell, auditiv) einer sich bewegenden Papierschlange* und die Eigenwahrnehmung (propriozeptiv-kinästhetische und auditive) in der Rolle als Schlange eine Personalunion: beide Wahrnehmungsbereiche stützen sich gegenseitig und bauen sich miteinander und gegenseitig auf .
Die unten dargestellte Unterrichtseinheit „Die Schlangenbeschwörung" gibt einen Einblick in die Möglichkeiten einer phonetisch-phonologischen Vorarbeit im Sinne primärer Grammatikarbeit.
Weitere Schritte weisen dann behutsam in eine morphologisch-syntaktische Richtung. Im Zusammenhang mit Versen und Liedern kann nun versucht werden, den jeweiligen Laut (hier „SCH" und „S") etwa über Stabreime in die Wort- und Satzebene zu bringen. Die Beibehaltung und Stabilisierung der Sinnzusammenhänge (Pragmatik) begründet und verfestigt schließlich auch die lexikalischen Formen.

---

* Bunte Papierschlangen erhält man, indem mit einer kräftigen Schere von einer noch gerollten Krepp-Papierrolle ca. 2-3 cm breite Segmente abgeschnitten werden. Die bekannten Faschingsschlangen sind zu dünn und leicht.

Ein modellhafter Überblick

Der hier vorgelegte Aufbau ist idealtypisch. Er kann in dieser Form nicht grundsätzlich bei jedem Thema verwirklicht werden. Es lag in der Absicht des Verfassers, die theoretisch übergeordnete Idee eines entwicklungsorientierten und ganzheitlichen Sprachaufbaus in ein praktisches Konzept umzuwandeln.

<u>0. Der Anfang</u>
Ungerichtetes Spiel mit Papierschlangen:
„Was kann die Schlange noch?"
Schleichen, fressen, wegschlüpfen, schlafen..
<u>Ziel:</u> **Eröffnung des Handlungsrahmens mit eher zufälligen Versprachlichungen** *(Semantik, Pragmatik)*

<u>1. Wahrnehmungs- und Bewegungshandlung</u>
Sehen und Spüren einer spiralig gerollten „Schlange" (z.B. buntes Hüpfseil) - synchrone Verlautlichung - Kind „als Schlange": Einrollen des Körpers in Seitlage (evtl. mehrere Kinder spielen eine zusammengerollte Schlange!) - synchrone Verlautlichung
<u>Ziel:</u> **Sehen/Spüren eines Mundbildes zum SCH - Erkennen der Übereinstimmung mit dem Gesehenen und Gespürten** *(phonet.-phonol. Akzent)*

<u>2. Wahrnehmungs- und Bewegungsunterscheidung</u>
siehe Unterrichtsbeispiel: „Die Schlangenbeschwörung" (s.u.: ausführliche Darstellung)
<u>Ziel:</u> **Ganzheitliches Erkennen und Unterscheiden der Laute SCH und S** *(phonetisch-phonologischer Akzent)*

<u>3. Wahrnehmung der beiden differenten Mustersätze und Umsetzung in Handlung und Lautbildung (Sätze mit Stabreim- und Endreimstruktur)</u>
Die beiden Mustersätze aus dem Unterrichtsbeispiel werden gehört und rhythmisch-sprachlich nachvollzogen „Schlafe ein, mein Schlängelein.." „Es tanzt lustig.."
<u>Ziel:</u> **Globales Unterscheiden der klanglichen Struktur der beiden Sätze (SCH- bzw. S-Charakteristik)** *(präsyntaktische Akzentuierung)*

<u>4. Wahrnehmung von SCH-Wörtern</u>
SCH-Wörter wie „schlafen", „schlüpfen", „schleichen" „schlingen" werden gehört, mit gedehntem SCH gesprochen und simultan in Handlung umgesetzt
<u>Ziel:</u> **Auditives und semantisches Erfassen von Sch-Wörtern Versprachlichen dieser Wörter** *(lexikalische und morphologische Akzentuierung)*

<u>5. Wahrnehmung elementarer Sch-Sätze</u>
SCH-Sätze wie „Schleiche zum Baum!" „Schlüpfe ins Versteck!" werden gehört, mit betontem SCH gesprochen und in Handlung umgesetzt.
<u>Ziel:</u> **Auditives und semantisches Erfassen von SCH-Sätzen - Verbindung von Handlung und Sprache** *(syntaktische Akzentuierung)*

<u>6. Einübung der Rahmenhandlung mit Endreim-Versen</u>
Die Rahmenhandlung (s. u.: ausführliche Darstellung) bei 5. wird beibehalten.
Vers und Spielhandlung sind motivationale Grundlage für intensive Versprachlichungen
<u>Ziel:</u> **Handlungsgerechte Versprachlichung auf komplexerer Ebene** *(syntaktische Akzentuierung)*

Unterrichtsbeispiel: Sprachförderung/Deutsch mit Gruppen/Klassen
Thema: Die Erkennung und Unterscheidung der Laute SCH und S
„Die Schlangenbeschwörung"

Artikulationsstufen	Methodische Möglichkeiten	Förderpädagogische Maßnahmen
1. Situationseröffnung	Lehrer nimmt vor einem geschlossenen Korb die Geste eines Schlangenbeschwörers ein: *Turban, Schneidersitz , Flötenspiel* Kinder erraten die Geste	„Lesen"/Interpretieren einer Geste
Zielansprache	Wir spielen heute Schlangenbeschwörung!	
2. Gestaltung Gestaltungsebene I		
Einschleifung des SCH	Korb wird geöffnet - Kinder sehen eine „müde Schlange" *„Schlange" = spiralig / rund gewundenes Rhythmikseil*	Sehen der spiraligen Schlangenform
Mustersatz	„Schlaf, mein Schlinge- Schlängelein - schlaf doch ein! - SCHSCH.." (Lehrersprache bei gleichzeitiger Bewegung) *Lehrer spurt die spiralige Rundform nach*	Hören des Sprechverses semantische Aufschlüsselung - erste passive Aufnahme der Lautcharakteristik des Satzes
Assoziation verschiedener Wahrnehmungsfelder	Schüler spuren Rundform des Schlangenseils nach und sprechen simultan „SCH...." *Umrundung der Lippen zwischendurch* (u.U. mit geschlossenen Augen)	Assoziation: Lautieren und Handeln: Assoziation des SCH (kinästhetische Spürform) mit der visuomotorischen Rundform (Schreibspur) taktile Erfassung
Symbolfixierung	*Mundbild SCH wird unten an eine Tafel gehängt (s. Anhang!)*	Assoziation des SCH-Lautklanges mit der runden Schnuten-Mundbildung und der Schreibspur

<u>Vertiefung der SCH-Laut-vorstellung</u> *Integration der Wahrnehmungsfelder in ganzkörperliche Erfahrung* *Vertiefung der Wahrneh-mung*	Kinder spielen schlafende Schlangen : *Eingerollte Körper + SCH-Mund* Lehrer stützt diese Empfindung durch Abtasten der runden „Schlangenformen" bei gleichzeitiger SCH-Lautbildung Lehrer spielt einen tiefen „Schlafton" (Flöte)	Körperschema-Bildung - Assoziation von kinästhetischer Körper- und Mundraum-Wahrnehmung Assoziation von Ruhe mit der obigen Körperhaltung Entspannung
<u>Übung</u> <u>Gestaltungsebene II</u> *Einstellung des S*	Die Kinder legen „Schlangen in den Schlaf" - *sie schwingen selbst Krepp-Papierschlangen in-Reifen oder rund ausgeschnittene Papierbögen (= „Körbe").* Sie lautieren hierbei: „SCH.." *(am geöffneten Korb)* Lehrer spielt als Schlangenbeschwörer den oben angespielten Schlafton und weitere höhere Töne: „Ob die Schlange wohl jetzt noch schlafen will? - Nein!" *Die Schlange freut sich - sie bewegt sich schlängelnd aus dem Korb, streckt sich und bekommt einen freudig gespannten Lachmund* ***Wie klingt das Zischen jetzt?*** → *„S"* Die Kinder erproben dieses Spiel zur Flöte	Assoziation der grobmotorischen Spur mit dem SCH-Laut Ableitung des S aus dem SCH Assoziation von ganzkörperlicher Streckung und Spannung im Mundraum beim „S"

Mustersatz	„Sie/Es tanzt lustig hin und her. Solch ein Lied, das mag sie/es sehr!" (Lehrersprache bei gleichzeitiger Bewegung) *Lehrer/Schüler bewegen sich schlängelnd in eine Streckhaltung*	Hören des Sprechverses - semantische Aufschlüsselung - erste passive Aufnahme der Lautcharakteristik des Satzes
Symbolfixierung	*Mundbild S wird oben an eine Tafel gehängt (s. Anhang!)*	Assoziation des S-Lautklanges mit dem zur Seite gespannten Mund und des schlängelnden, sich streckenden Körpers
<u>Gestaltungsebene III</u> *Umgang mit SCH und S im Wechsel*	Die Kinder bewegen sich nach der melodischen Vorgabe des Lehrers vom „Schlafton" ausgehend mit „SCH" aus ihren „Körben" heraus. Je höher der Ton, desto stärker gehen die Kinder in die Streckung zum „S", bis die Melodie wieder im tiefen „Schlafton" mit SCH endet. Die Schüler lautieren: „SCH" und „S"	Ganzheitliches gestalterisches Ausprägen der unterschiedlichen Lautbildungen von SCH und S
Umgang mit den beiden Sätzen/Versen von oben	Die Kinder hören (sprechen) die beiden Mustersätze mehrmals und handeln dementsprechend	Semantische Fixierung → Fortsetzung später!
3. Fixierung der Gestalt *Spuren mit Malkreiden*	Bearbeiten großer strukturierter Arbeitsblätter *Je nach Melodieführung spuren die Kinder auf große Wandtafeln runde „SCH-Ovale" oder geschlängelte S-Schlangen (s. Anhang!))*	Übertragung der grobmotorischen Aktivitäten in Spurbewegungen, die sukzessive von der vertikalen Spurebene in die horizontale Ebene gebracht werden

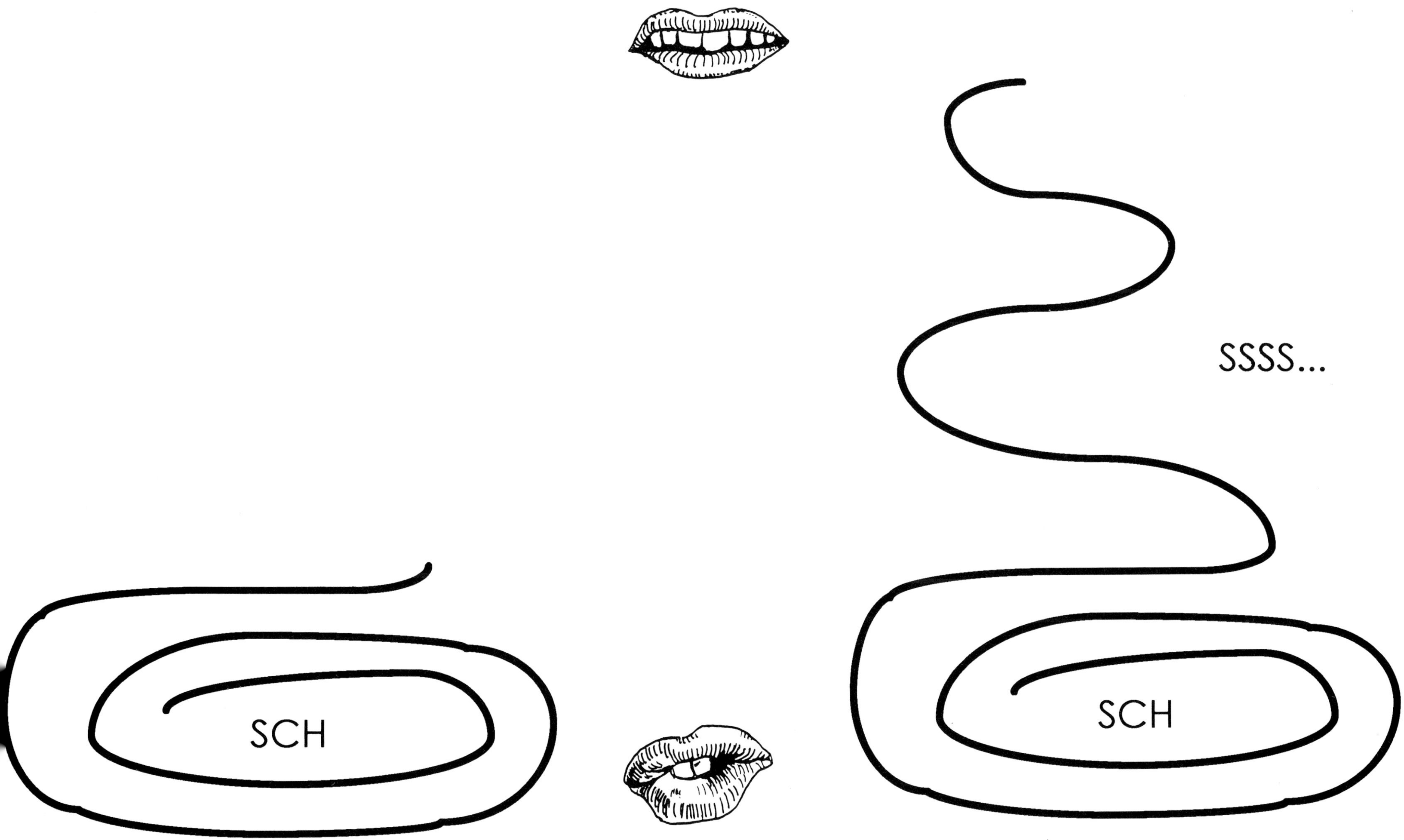
SSSS...
SCH
SCH

<u>Titel:</u> Schlangen - II

1. Die sequentielle Einbettung

Im letzten Kapitel sind schon die wesentlichsten Punkte zum Verständnis der ganzheitlichen Grundlegung dieser Einheit erfaßt worden. Es ging um einen ausgewogenen und vernetzten Aufbau aller Teilsysteme der Sprache unter Einbeziehung der kindlichen Denk- und Fühlstrukturen.
Im Unterrichtsbeispiel und im modellhaften Überblick (s.o.) wurde auch schon gezeigt, wie sich über erste Mustersätze mit Stabreim- und Endreimstruktur präsyntaktische Haltungen anbahnen.
In Punkt 4. und 5. des Überblicks erfaßt das Kind über konkrete Spielhandlungen die inhaltliche und auch die Formseite unserer Sprache in gleicher Weise. Der Umgang mit Papierschlangen oder Rhythmikseilen ermöglicht es, die Tätigkeiten des „Schleichens", des „Schlüpfens".. aktiv zu verstehen und diese Tätigkeiten auch grobmotorisch nachvollziehen zu lassen. Da es sich um Vorgänge von einer gewissen Dauer handelt, kann deutlich spür- und hörbar auch der Initiallaut SCH bis zum Ende der Tätigkeit gesprochen werden. Dies ist nicht nur eine wirkungsvolle Atem- und Lautierübung. Die intensive Verbindung von Handlung und sprachlicher Führung ist für sprachauffällige Kinder nicht überflüssig oder „redundant", wie es in der Informationstheorie heißt. Solche begleitenden Tätigkeiten erhöhen den Informationswert der Sprache und verbessern später auch die Wahrnehmung von Wort- und Satzgestalten. In der Folge werden die Handlungen auch aufgezeichnet:

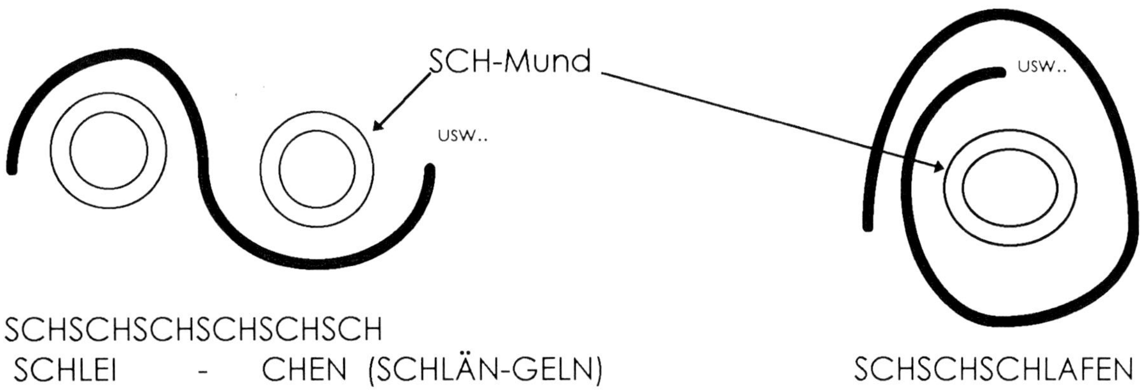

Es wird sinnvoll sein, einen kleinen Parcours aufzubauen - also ein Tätigkeitsfeld beim Schlangenspiel zu schaffen. Das „Schlangenfeld" besteht aus einem gemalten Baum, wohin die Schlangen schleichen können, einer Schachtel voller Blätter zum Rascheln und Verkriechen, einer Art Höhle mit Tüchern usw..

Übergeordnete Zielstruktur:

Spielhandlungsorientierter Erwerb grammatikalischer Strukturen (Adverbialergänzungen)

2. Die Charakterisierung des Verses

Der Vers enthält zwei wichtige Begriffe, die bereits im sequentiellen Vorfeld erarbeitet wurden: „schleichen", „ sich schlängeln". Im Reim wird der SCH-Laut noch einmal deutlich betont, weil auch hier wieder die Tätigkeiten der Schlange deutlich hervorgehoben werden sollen. Bei den nun folgenden *Lernsätzen, die schräg gedruckt sind,* kommen noch zwei weitere Tätigkeiten mit SCH-Anlauten hinzu, so daß trotz der hier fehlenden Versform dieses Teils Text und Inhalt insgesamt homogen wirken.

3. Die sprachlichen Lernfelder	Die Inhalte
	Syntax
Die Schlange schlüpft in die Höhle. Die Schlange schlüpft unter das Blatt. Die Schlange schlüpft unter den Stein. Die Schlange schlüpft in den Busch.	Subjekt - Prädikat - Adverbialergänzung (wohin? - Akkusativ)
Die Schlange schläft in der Höhle. .. unter dem Blatt. .. unter dem Stein. .. unter dem Busch.	Subjekt - Prädikat - Adverbialergänzung (wo ? - Dativ)
Ich schlüpfe unter den Stein. Ich schlafe unter dem Stein...	Ersatz des nominalen Subjekts durch ein Personalpronomen

4. Die methodische Gestaltung

Effektiv wird die sprachliche Tätigkeit durch die gründliche Fundierung in einem sequentiellen Zusammenhang (s.o.). Der Inhalt der Einzelstunde kann durch die hochfrequente Auseinandersetzung mit der immer gleichen Sache verläßlich erarbeitet werden. Das Spiel selbst, der Wechsel der Schlangenrolle von Kind zu Kind und die sozial-interaktive Bezogenheit sind eine gute motivationale Grundlage der Stunde. Methodisch wird vorgeschlagen, anfangs nur ein Kind die Schlange spielen zu lassen. Die anderen Mitspieler sind die verschiedenen Schlafstätten der Schlange:

das Blatt - Kind liegt flach wie ein Blatt auf dem Boden
der Stein - Kind zieht die Beine an und macht sich am Boden rund wie eine Steinkugel
der Busch - Kind steht „verwurzelt" am Boden und streckt die Arme astartig ab
die Höhle - Kind bildet mit Armen, Beinen oder dem ganzen Körper Höhlenöffnungen

Die Kinder übernehmen u.U. in freier Wahl eine bestimmte Rolle als „Blatt", „Stein".. und vielleicht auch selbst erdachte andere Rollen. Die „Schlange" darf sich im Spiel die „Schlafstätten" selbst aussuchen. Nach jeder Strophe werden die Rollen gewechselt: das Kind, welches als „Schlafstätte" ausgesucht wurde, könnte danach die Rolle der Schlange übernehmen usw..
Eine Weiterführung des Spiels ist dann in der folgenden Form möglich: Man baut im Raum verschiedene „Schlafstätten" mit Mobiliar, Tüchern, Rhythmikmaterial .. auf oder malt dementsprechende Orte auf großflächige Papiere (alten Karton, Makulaturpapier..). In diesem Fall können viele Kinder gleichzeitig als Schlangen im „Schlangenfeld" herumschleichen und hierbei den Vers aussprechen. Bevor sie sich für einen Ruheplatz entscheiden, sprechen sie Sätze wie „Ich schlüpfe in die Höhle" o.ä. Während sie „schlüpfen", bilden sie ein gedehntes SCH. Danach schlafen sie ein und sprechen: „Ich schlafe in der Höhle!. SCH..."

Die kleine Schlange Schum
schleicht hier im Kreis herum.
Sie schlängelt sich den ganzen Tag,
bis sie dann nicht mehr wach sein mag.
SCHSCHSCH..

Sie schlüpft unter/in den Busch.
Sie schläft unter/in dem Busch.

Sie schlüpft unter den Stein.
Sie schläft unter dem Stein.

Sie schlüpft in die Höhle.
Sie schläft in der Höhle.

Sie schlüpft unter das Blatt.
Sie schläft unter dem Blatt.

Das Land des Lachens

Titel: Das Land des Lachens

1. Die sequentielle Einbettung

Folgende Spielsituationen sind möglich:

1. Zwerchfell-Übungen: hechelnde Hunde, Dampfmaschinen... machen „ H - H - H -.."
2. Grimassieren vor Spiegeln - Malen von Porträts mit lachenden, weinenden, ärgerlichen.. Gesichtern
3. Lustige Geschichten und Witze hören, vor- und nachspielen

Übergeordnete Zielstruktur:

Freudvolle Ausdrucksarbeit - Hören und Nachahmen von einfachen *Lautgestalten in bestimmten Reihenfolgen (Vorbereitung syntaktischer Seriationen) - Kommunikation* in lustigen und entspannten Spielsituationen

2. Die Charakterisierung des Liedes

Der Tonraum des Liedes beschränkt sich auf die Quarte, um die Kinder melodisch nicht zu überfordern. Das Anliegen, Stimmhöhen und Vokale voneinander zu unterscheiden, ließe sich natürlich mit größeren Intervallen leichter verwirklichen (Quinte, Oktave).

Schon in der ersten Notenzeile wird das „Hu-ha-hi" in eine Reihung gebracht:

„Huuu"/der Laut „U" klingt auch beim Sprechen tieftonig → Zuordnung der Note e´
„ Hiii" / der Laut „I" klingt auch beim Sprechen hochtonig → Zuordnung der Note a´
„Haaa"/der Laut „A" ist klanglich/stimmlich in der Mitte → Zuordnung der Note gis´

Diese drei Lautverbindungen werden nicht nur melodisch betont. Durch die Verdoppelung des Notenwertes auf eine halbe Note tritt das „Hu-ha-hi" auch metrisch in den Vordergrund.

Die dritte Notenzeile ist aufgrund der Quartsprünge lebhafter: „hi-hi-hi" und „hu-hu-hu" werden in gegensätzlichen Tonlagen gesungen.

Die vierte Notenzeile schließt das eigentliche Lied ab.

Danach erfolgt ein bewegter Wechselgesang durch Vor- und Nachsingen, der sich im Schwierigkeitsgrad an den Fähigkeiten der Kinder orientieren sollte. Dieser Teil muß nicht unbedingt in Liedform gebracht werden. Wichtiger ist die rhythmisch-lautliche Imitation.

3. Die sprachlichen Lernfelder	Die Inhalte
Hu-hu..; hi-hi..; usw Hi Ha Hu	<u>Stimmbildung, Atmung, Sprechhygiene:</u> Kurze hechelnde Ausatmungen als **Zwerchfellübung** **Stimmlagen und Lautcharakteristik** hören und miteinander assoziieren **Stimmlagen** und **Laute** voneinander unterscheiden
Hi-hi-hiiii —— Hi-hi-hiiii Ho-ho-hooo-ho —— Ho-ho-hooo-ho	<u>Serielle Wahrnehmung und Gestaltung als Vorbereitung syntaktischer Strukturen:</u> **Rhythmisieren** von Lautverbindungen Nachahmende bzw. gestalterische **Seriation** von Lautverbindungen Erweiterung der **Hörmerkspanne**

4. Die methodische Gestaltung

Echtes „Lachen" ist nur sinnvoll in entspannten Situationen. Lustige Rollenspiele (z.B. Zirkusclown) sind eine gute Grundlage für fröhliches und beteiligtes Gestalten.

Das „Land des Lachens" kann mit entsprechenden Porträtbildern (s.1.) aufgebaut werden. Viele lachende Kinderköpfe (z.B. Fotokopien kindlicher Malkunst) schmücken den Raum. Eine Polaroid-Kamera für schnelle Aufnahmen könnte ebenfalls hilfreich sein.

Im „Land des Lachens" gibt es große und kleine Leute. Wer dieses Land betritt, dem macht alles Spaß - ihm gefällt jeder kleine Witz, jedes Spiel.

Die großen Leute lachen bei jeder Kleinigkeit „Hu-hu-hu", die kleinen Kinder jedoch „Hi-hi-hi". Für die „Schulkinder" bleibt die Lachweise „Ha-ha-ha".

Dieses anfangs eher „freie" Lachen zu Witzen und Späßen wird langsam in Form gebracht, indem fast unmerklich die beiden ersten Notenzeilen ins Geschehen hineingesungen werden. Besonders betont

werden die halben Noten „hu - ha - hi", die schon bald refrainartig von den Kindern selbst gesungen werden können.
Die Kinder hören jetzt auch, daß das „Hu" tiefer klingt als das „Hi". Aus ihrer Vorerfahrung können sie schließen, warum dies so ist. Nun kann der Rest des Liedes folgen.
Der sich anschließende Wechselgesang wird gestalterisch ausgerichtet an den Fähigkeiten der Kinder. Wichtig ist der ungebremste Ablauf des „Frage- und Antwort-Lachens". Mögliche Fehler kommen nicht zum Vorschein, weil das Geschehen vom „Vorsänger" („Vorlacher") in Fluß gehalten wird. Außerdem kann der Schwierigkeitsgrad situativ angepaßt werden.
Wie bei Nr. 3. dargestellt, können die verschiedenen Ton- und Lautlagen auch grafisch an eine Tafel gebracht werden. Oben sind die hellen „Hi-"Silben (farblich: weiß oder gelb), unten die dunklen „Hu"-Silben (farblich: braun oder schwarz), in der Mitte das „Ha". Erscheinen die Silben in verschiedenen Reihen, so haben wir eine einfache Form der Notation und können nach dieser Vorlage singen. Auf diese Weise können wir also bestimmte Seriationen auch aufschreiben, um sie in der Folgestunde wieder als Ausgangspunkt für komplexere Gestaltungen zur Verfügung zu haben.
Spaß macht auch ein „Lachkonzert", bei dem ein „Dirigent" die melodisch gebundenen Lachweisen mit den Armen anzeigt. Dies kann mit oder ohne Vorlage von „Noten" geschehen, z.B.

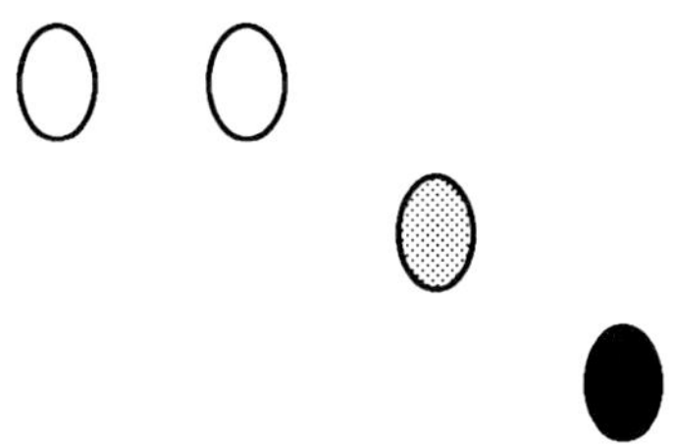

bedeutet: Hi - Hi - Ha - Hu

Im Land des La- chens ist 'was los! Hu - ha- hi! Da
la- chen al- le, Klein und Groß! Hu - ha - hi!
Die Klei- nen la- chen hi- hi- hi. Die Gros- sen la- chen hu- hu- hu-. Die
Mitt- le- ren hin- ge- gen, die la- chen ha - ha - ha!

Sänger 1

hi- hi- ha

hi- hi- hi- hi- hu

Sänger 2

hi- hi- ha

hi- hi- hi- hi- hu usw.

hu- hu- ho- ha- hiii!

(gemeinsamer Abschluß)

Das Echo

Titel: Das Echo

1. Die sequentielle Einbettung

Die Methode des Vor- und Nachsingens wird in der Musikerziehung manchmal negativ „Papageien-Methode" genannt. Als abwertender Begriff gilt der Terminus allerdings zu Recht, wenn diese Maßnahme des Liederwerbs zum Standardverfahren erklärt wird. Auch sprachliche Muster werden schließlich nicht einfach „eingesprochen", um dann verfügbar zu sein. Beim Sprechen sind es die sinnhaften Bezüge, in denen etwas gelernt wird.
Zu stereotyp und spröde sind dementsprechend auch Musikstunden, in denen ein neues Lied nur über das „Hören" und „Imitieren" erworben wird.
Auf der anderen Seite wird hier einmal ganz zentral die Besonderheit des *musischen Prinzips in der Sprache* hervorgekehrt. Verse und Lieder besitzen aufgrund ihrer besonderen rhythmisch-dynamisch-melodischen Struktur an sich schon einen sehr einprägsamen Charakter:

*Sie **schwingen** und werden in der Aktion ganzkörperlich spürbar!*
*Sie **klingen** und treffen uns in unserem elementar- magischen Urgrund!*
*Sie **tönen** und bleiben in unseren Ohren!*

Fremde Kulturen in Afrika und Indonesien bedienen sich noch heute des Wechselgesangs („call-and-response"), den wir auch in unserer traditionellen christlich-abendländischen Kultur finden können. Diese Formen der Rede und Gegenrede sind einprägsam und als Rituale sozial integrierend. Als Kinder haben wir früher ebenfalls in Kindersprüchen, Echospielen und Neckversen solche Sprechweisen gepflegt und dabei das „Reimen" (das „Sprechen" !) gelernt:

Sprecher 1	Sprecher 2	Sprecher 1
Sag ´mal Kamm!	*Kamm*	*Schwamm*
Sag ´mal Kuh!	*Kuh*	*Schuh* usw.

Echospiele waren in der Art sehr ähnlich und endeten oftmals mit dem Satz: *„Sag ´mal Wesel! - Wesel - Esel"*

Selbst Neckverse wurden gerne im Dialog gesprochen, oder man sprach sie gemeinsam, während man mit dem Finger auf andere deutete. Warum sollte man diese Tradition nicht wieder in einfacher Form aufgreifen, etwa:

Kind A/Gruppe A		Kind B/Gruppe B
„Am dam dess" (Patschen - klatschen- „Vogel zeigen")	↔	*dene male press* (patschen- klatschen - „Vogel zeigen"
„dene male pumperness" (Patschen - klatschen - hüpfen)	↔	*„am dam dess"* (patschen - klatschen - hüpfen)

Vor diesem Hintergrund kann auch das nun folgende *Echo-Lied* gesehen werden.

Übergeordnete Zielstruktur:

Hören und Nachahmen von einfachen Lautverbindungen, Worten und Sätzen - Weitergestalten dieser Formen - Dialoge

2. Die Charakterisierung des Liedes

Die erste Notenzeile eröffnet die Thematik in zwei einfachen Sätzen. Die Jagdhorn-Melodie ist nicht ganz einfach, durch die echoartige Wiederholung der Notenfolge jedoch besonders einprägsam.

Die weiteren Notenzeilen sind Beispiele, wie grundsätzlich mit einer einfachen Silbe spielerisch umgegangen werden kann. Melodisch wird am besten die Jagdhorn-Quinte beibehalten - textlich kann jederzeit variiert werden: „hal-lo"; „ta-tü" (Horn), Lautmalereien wie etwa „bim-bam-bum-bum", ein- und mehrsilbige Vornamen, Tiernamen, Städtenamen.., ganze Sätze. Bei den sprachlichen Produktionen ist wichtig, daß vom Lehrer immer die „nächste Stufe" der sprachlichen Entwicklung des Kindes angepeilt wird. Die Texte können später verstärkt auch von den Kindern gestaltet werden (z. B. auch Reime). Die letzte Notenzeile zeigt ein Beispiel ohne echohafte Imitation. Hier geht es darum, Texte kreativ weiterzugestalten. Letztlich können bei Bedarf noch ganze Geschichten im dialogischen Echoverfahren erfunden und gesungen werden.

3. Die sprachlichen Lernfelder	Die Inhalte
	Stimmbildung - serielle Abfolgen als Vorbereitung syntaktischer Strukturen:
Ju-huu.., tra-ri-tra-ra..	rhythmisch- melodische Imitationen und Gestaltungen mit Lautverbindungen
Kling-klang., hak-ke.., u-huu-huu-huu..	rhythmisch- melodische Imitationen und Gestaltungen mit Lautmalereien
	Morphologie:
Jo-han-nes,.. Kat-ze, Ma-ri-en-kä-fer.., Win-disch-e-schen-bach... Rad; Rad-fah-rer; Rad-fah-rer-hand-; Rad-fah-rer-hand-schuhe..	Namen nachgestalten und erweitern (Gedächtnisübung)

Haus - Maus Reh - Schnee Es war einmal ein Mann! Der hatte einen Schwamm!	<u>Morphologie/Syntax</u> Reimbildungen mit Wörtern und Sätzen
Ix, ax , ux - wo ist der Fuchs? Ix, ax, aus - wo ist die Maus?	Reimbildungen mit Mischformen aus Lautmalereien und Sätzen

4. Die methodische Gestaltung

Es ist von entscheidender Bedeutung, daß die von uns gewählten Sprachmuster beim Echo-Singen entwicklungsgerecht sind. Wir fragen:

- Welche Höreindrücke kann das Kind überhaupt aufnehmen?
- Wie groß ist seine Hörmerkspanne? (Kurzzeitgedächtnis)
- Was kann das Kind sprachlich ausführen oder weitergestalten?

Auf dieser Grundlage wollen wir durchaus auch schwächere Kinder für sprachliche Formgebungen gewinnen. Als „Vorsänger" werden wir also im „Echowald" automatisch die richtige sprachliche Auswahl finden, weil wir beim Nachsingen oder Weitergestalten sofort merken, ob ein Kind der Aufgabenstellung gewachsen ist oder nicht. Wir planen unsere Zielperspektiven zwar schon zu Hause, sollten den Verlauf der Echorufe jedoch situativ immer wieder neu einstellen und verändern.

Eine Aufnahme der Produktionen auf ein Kassettengerät ist zu empfehlen. Dann können wir die dialogischen Abläufe später noch einmal bewußt verfolgen. Auch sollten wir unsere Sequenzplanungen immer auf aktuellem Niveau halten.

Die beiden Rollen (Rufer; Echo) können im Verlauf des Spiels auch vertauscht werden.

Auf gelungenen Echospielen kann aufgebaut werden. Im weiteren Verlauf erkennen wir, ob das Kind neue sprachliche Inhalte hinzugelernt hat. Ein eigener Förderplan kann erstellt werden.

Wenn ein bestimmtes Formbewußtsein sich eingestellt hat, können wir die schönsten Echospiele kreativ immer wieder weiterentwickeln und ein eigenes „Echo-Liederbuch" mit Themen wie „Froschkonzert", „Maschinenlärm" oder aber „Frage-Antwort-Spiele, Hexengeschichten.." schreiben.

Sänger 1

Sänger 2
(Echo)

Ju- hu- hu- hu- hu- hu!

Ju- hu- hu- hu- hu- hu!

Der För- ster ist im Wald!

Wo ist er denn? Wo ist er denn? ...

Es war ein- mal ein Mann!

Der hat- te ei- nen Schwamm! ...

Der Koffer meiner Tante

Titel: Der Koffer meiner Tante

1. Die sequentielle Einbettung

Viele von uns kennen das altbekannte Spiel von „Tantes Koffer", welches dieser Einheit zugrunde gelegt wurde. Es handelt sich um ein Memory-Spiel, das meist ohne einen konkreten Koffer durchgeführt wird.

> *Ein Spieler denkt sich einen Gegenstand aus, den er in den „Koffer der Tante" legt: „ Im Koffer meiner Tante ist ein Schirm." Der nächste Spieler muß sich das Gesagte merken. Er weitet aus, etwa: „Im Koffer meiner Tante ist ein Schirm und eine Zahnbürste." Die Zahl der Gegenstände wird von Mal zu Mal größer, z.B.: „Im Koffer meiner Tante ist ein Schirm, eine Zahnbürste und ein Buch". Wer die Gegenstände in der richtigen Reihenfolge nicht mehr aufzählen kann, scheidet aus dem Spiel aus.*

Unser Spiel könnte in vielen Varianten ablaufen. Wir wollen uns auf jeden Fall für einen Verlauf entscheiden, in dem mehr die Kooperation und weniger der Wettbewerb im Mittelpunkt steht.
Ein erster Schritt ist die Bereitstellung eines ***echten Koffers***, der im übrigen immer bei vielen Gelegenheiten im Spielkreis Verwendung finden kann. Ein Koffer macht neugierig und sorgt stets für Überraschungen und Gesprächsstoff. Wie ein Koffer - etwa bei Zaubervorstellungen - meist Spannung erzeugt, so können wir Kinder mit einem Koffer in immer neuen Zusammenhängen motivieren: das eine Mal z.B. enthält er bunte Bälle oder Rhythmiktücher für sportliche Aktivitäten, das andere Mal schöne Bilder oder ansprechende Objekte, die gute Sprechanlässe sind. Oder aber, wir halten für ganz kurze Zeit provokativ ein Meerschweinchen im Koffer versteckt, weil wir das Hegen und Pflegen von Tieren zum Thema machen wollen.
Natürlich sind auch Ratespiele beliebt: die Lehrerin/ ein Kind hat etwas in den Koffer gelegt - die anderen sollen den Inhalt über bestimmte Fragestellungen finden.
Wir wollen hier die Grundidee des tradierten Spiels selbst beibehalten, stellen unseren Koffer in den Spielkreis und holen erst einmal einige Gegenstände heraus, die wir daneben legen.

Übergeordnete Zielstruktur:

Memorieren von Gegenständen - Benennen dieser Gegenstände in einer festen Reihenfolge - serielles Denken/Denken in sprachlichen Abläufen - Denken in morphologischen bzw. semantischen Bezügen

2. Die Charakterisierung des Liedes

Der Text hat keine Reimform. Die elementar auf- und absteigende Melodielinie ist aber prägnant genug, um Form und Inhalt im Spiel miteinander in Verbindung zu bringen. Insbesondere die Benennung von maximal vier Gegenständen in einer Strophe wird evident.

3. Die sprachlichen Lernfelder	Die Inhalte
	Morphologie
ein Spiegel, eine Bürste, eine Schere, eine Hose,... der Schlüssel, das Geld, der Ausweis..	- Einstieg mit Benennungen - Nomen mit unbestimmten oder bestimmten Artikeln
In dem Koffer ist ein Spiegel und danach ist Schluß! In dem Koffer ist ein Spiegel und eine Bürste und dann nichts mehr. In dem Koffer ist so manches und danach ist Schluß!	Seriationen - aufbauend: Gedächtnis - sprachliche Übertragung Nomen im 1. Fall / Einzahl
In dem Koffer ist der Schlüssel und der Ausweis und die Hose. In dem Koffer ist so manches und danach ist Schluß! In dem Koffer ist der Schlüssel und der Ausweis und die Hose. In dem Koffer ist die Brille und danach ist Schluß! *Bei der nächsten Ergänzung:* In dem Koffer ist ... und noch vieles mehr! *Beginn einer neuen Strophe:* In dem Koffer ist ein Schal und danach ist Schluß!	*Denken in Oberbegriffen* Denken in *phonetischen/morphologischen oder semantischen Superstrukturen* möglich: (pro Strophe → 4 Gegenstände) Hose, Hemd, Hut, Handtuch (Ordnung nach gleichen Initiallauten) Kamm, Bürste, Spange, Haarcreme (Ordnung in semantischen Bezügen: Haarpflege) Keks, Apfel, Saft, Bonbon (Ordnung in semantischen Bezügen: Essen, Getränke) *Verbesserung der Gedächtnisfunktionen durch Denken in übergeordneten Einheiten*

4. Die methodische Gestaltung

Zunächst betrachten alle Kinder die neben dem Koffer ausgelegten Gegenstände und benennen diese. Evtl. erproben wir hier schon eine Vorform unseres Spiels, indem wir die Gegenstände in bestimmten Reihenfolgen nacheinander benennen. Auch Reihungen nach bestimmten Kriterien (Haarpflege, Waschzeug, Wörter mit H am Anfang.. - s. Nr. 3) wären denkbar. Die Objekte können an dieser Stelle konkret einander zugeordnet werden.
Bevor wir mit dem Lied beginnen, spielen wir die Handlung in vereinfachter Form schon einmal durch. Das Lied selbst hat den Zweck, *melodische und textuale Einheiten zu schaffen und die sprachlichen Formen nach dem Prinzip der Häufigkeit in sozialer Form lustbetont einzuschleifen.*
Um sprachliche Überforderungen zu vermeiden, singen wir das Lied zunächst mit einer größeren Zahl von Kindern. Wir teilen am besten beim Spiel die Kinder in zwei Gruppen auf.
- Arbeitet man mit einzelnen Kindern, dann sollte man u.U. elementarer und behutsamer vorgehen. -
Im Wechsel legen die Gruppen anfangs jeweils nur einen bereitliegenden Gegenstand neu in den Koffer, wobei sie Zeit haben, die Objekte noch einmal genau anzuschauen . Wenn der Kofferdeckel geschlossen ist, besitzen sie ein visuelles Vorstellungsbild vom Kofferinhalt und singen die dementsprechende Strophe. (Variante: „*Unsere* Tante" / *"Unser Onkel"* packt..".)
Bei Bedarf können auch Abbildungen von Gegenständen in den Koffer gelegt werden. Diese Maßnahme entfernt uns zwar vom Prinzip der Konkretion. Der Vorteil aber ist, daß auch nicht verfügbare wichtige Gegenstände berücksichtigt werden können. Außerdem lassen sich die Bilder leichter in anschauliche Reihenfolgen legen und überhaupt können Kinder das gesamte Spiel vorbereiten: sie malen selbst verschiedenste Dinge für den Koffer der Tante!
Zur Entschärfung der Konkurrenz-Situation kann folgende Spielregel eingebaut werden:

> wenn eine Kindergruppe nicht mehr weiter weiß, stützt die andere Gruppe die Kinder mit pantomimischen Umrißzeichnungen vom Gegenstand.

Die Kinder werden während des Spiels erkennen, daß eine Einprägung in bestimmten Reihenfolgen (Assoziationen) leichter ist. Wir werden die Gelegenheit nutzen und speziell auch kriterienorientierte Zuordnungen vorschlagen (s.o.).
Sequentielle Weiterführungen sind ebenfalls möglich:

> *Ein Kind spielt die Tante: „Ich bin die Tante Evi. Ich habe einen Spiegel ... im Koffer!" / „Ich bin der Onkel Max.."*
> *Ein Kind hat ein oder mehrere Objekte aus dem Koffer genommen. Die Tante fragt: „Wer hat das Buch aus dem Koffer genommen? - Gib mir.. zurück!"* ...

Mei- ne Tan- te packt den Kof- fer, packt den Kof- fer, packt den Kof- fer.
Mei- ne Tan- te packt den Kof- fer, und ich weiß, was drin' ist!
In dem Kof- fer ist ein Spie- gel und da- nach ist Schluß!
In dem Kof- fer ist ein Spie- gel und eine Bürs- te und dann nichts mehr und da- nach ist Schluß!

In dem Kof- fer ist ein Spie- gel und eine Bürs- te und ein Schlüs- sel und da- nach ist Schluß!

In dem Kof- fer ist ein Spie- gel und eine Bürs- te und ein Schlüs- sel und noch vie- les mehr!

Die Nasch-Tasche

Titel: Die Nasch-Tasche

1. Die sequentielle Einbettung

Das kleine Kind greift nach einem Objekt, umfaßt es und geht damit um. Dieses „*Begreifen*" führt über die Wahrnehmung und die Bewegung zum Denken und „Verstehen", wie es R. Seitz* beschreibt. F. Affolter parallelisiert die primäre Sprachentwicklung mit dieser „begreifenden" Spürhaltung: bei den ganz normalen Alltagstätigkeiten entwickelt das Kind Denkweisen, die den Sprachbildungsprozessen sehr ähnlich sind (C. Fillmore - Kasus-Grammatik).**
Im Vorfeld dieser Übung denken wir zunächst an die vielen altbewährten Grabbelsack-Spiele. Je ähnlicher die Gegenstände einander sind (z.B. zwei Holzspielzeug-Autos), desto genauer muß unterschieden werden. Selbst unsere sprachauffälligen Kinder sind es gewohnt, alles schnell mit den Augen zu überprüfen. Wichtiger wäre jedoch die Wurzel: „das Spüren" von Dingen - etwa unter einer Decke, in einem Korb..! Diese Tätigkeiten (Tasten und Spüren, auch das Schmecken) erreichen das Kind unmittelbar. Sie schaffen Betroffenheit und Identifikation: das Kind empfindet sich als ***Agent („Ich")*** - es tritt in ***Aktion („fühlen", „essen").*** In diesem Sinne kann ganz grundsätzlich immer wieder gearbeitet werden, indem das Kind vieles erst einmal „mit den Händen sehen" und unterscheiden lernt. Hierbei entwickelt sich die Fähigkeit der intensiven Wahrnehmung von Tätigkeiten, was auch sprachliches Denken hervorruft . Handlungen dieser Art schaffen Vorstellungsbilder, die nicht „auf schnelle Benennungen" abzielen. Es ist daher wichtig, anfangs auch kindgerechte „Umschreibungen" zuzulassen. Wenn also eine Walnuß gefühlt wird, so sind uns zunächst Aussagen wie „hart", „lauter winzige Rinnen", „klein", „hinten spitzig -au" .. willkommen, auch wenn sie unserer erwachsenen Sprachanalyse nicht standhalten. - Wir drängen also nicht gleich auf korrekte Benennungen.
In vielen einschlägigen Geschäften finden wir Äpfel, Birnen, Zitronen.., die aus Holz gedrechselte Formen sind. Manchmal sind diese ansprechenden Objekte noch mit der entsprechenden Duftnote versehen, was bei unseren Wahrnehmungsspielen von großer Bedeutung sein kann. Wir können aber auch aus Plastilin oder anderen verformbaren Massen auch selbst einfache Gegenstände herstellen und abfühlen lassen.

---

* „Tast-Spiele" R. Seitz München 1989/4. Al
** „Wahrnehmung, Wirklichkeit und Sprache" F. Affolter Villingen-Schwenningen 1989/3. Al

Unser Lied ist allerdings bereits ein schematisierter Zugriff, bei dem auf einigen festen Begrifflichkeiten aufgebaut werden muß. Die typische Form der Birne, die Rundheit und Narbigkeit einer Orange.. erfordern jetzt eine formale Klassifikation des *Objektes.* Die ***Aktion „Fühlen"*** verläuft hier schon blitzschnell und kriterienorientiert, ebenso die Assoziation des passenden Wortes. Handlung und Sprachführung sind zwei gleichwertige Formen *einer Verarbeitung* geworden.

Übergeordnete Zielstruktur:

Begriffsbildungen über das „Begreifen" - Erwerb einfacher S-P-O-Strukturen über elementar-taktile Handlungen

2. Die Charakterisierung des Liedes

Die Melodie ist besonders einfach und elementar. Die zu singenden Intervalle sind klein (Terz!) . Die Melodie entspricht in etwa dem Betonungscharakter einer sprechsprachlichen Führung: die Objekte werden „zielhaft" akzentuiert durch eine melodische Anhebung.
Die Eingangszeile eröffnet den Rahmen der Handlung. Die Anhäufung der Sibilanten in dieser Zeile betont ihren Verscharakter.

3. Die sprachlichen Lernfelder	Die Inhalte
Das ist die Tasche, aus der ich gern nasche!	Phonetik/Phonologie: Einschleifen schwieriger Sprechweisen - Differenzierung der beiden Engelaute S und SCH
Ich fühle die Birne! Ich fühle die Nuß! ..die Orange, die Banane, die Gurke, die Möhre, die Brezel, die Semmel, die Schokolode, die Zitrone..	Syntax: Subjekt - Prädikat - Objekt Personalpronomen - Verb - Nomen mit fixer Deklination (weiblich, Einzahl, 4. Fall) (evtl. auch Mehrzahlbildungen)

Ich fühle den Apfel! ..den Kopfsalat, das Brot, das Hörnchen, den Keks, den Lutscher..	Variationen bei der Deklination des Objekts
Ich esse den Apfel! Ich sehe den Apfel!	Variation des Verbs
Du siehst den Apfel! Ich rieche den Apfel!	Konjugation des Verbs
Sie/Er fühlt die Brezel! Ich fühlte die Nuß!	Variation des Personalpronomens (evtl. Variation der Zeit)

4. Die methodische Gestaltung

Das Kind paßt seine Rede aufgrund der vorgegebenen Liedform in eine bestimmte syntaktische Form. Die Begrifflichkeiten als solche sind schon bekannt - sie werden weiter eingeschliffen (s. sequentielle Einbettung).
Bevor die Früchte oder Lebensmittel in einige Taschen (z.B. Leinen-Einkaufstaschen) gelegt werden, können die Kinder u.U. auch erst noch einmal die Auswahl anschauen und benennen. Danach werden die hinter dem Rücken der Kinder gefüllten Taschen auf dem Fußboden verteilt. In einigen Taschen sind vielleicht auch Gegenstände, die nicht eßbar sind. In diesem Fall würde das Kind dann singen:

Das ist die Tasche, aus der ich nicht nasche!

Bei den ersten Durchgängen ist immer nur ein Objekt in jeder Tasche. Der Spielablauf paßt sich dem Singspiel an. *Ich fühle den Apfel! usw.*
Allzu große Pausen beim Absingen der „Strophen" sind eher ein Anfangsproblem. Später stellt sich beim Fühlen schon eine gewisse Routine ein. Flink folgt eine Strophe der andern: die grammatikalische Form wird eingeübt, vor allem, wenn zunächst einmal durch eine geeignete Auswahl von Wörtern eine Beachtung der Deklinationsformen nicht notwendig ist. (s. 3)

Beteiligen sich mehrere Kinder, so geschieht dies einzeln hintereinander. Diejenigen unter ihnen, die bereits aktiv waren , dürfen zuhören/ -schauen und vielleicht bestätigen:

Sie/Er fühlt den Apfel!

Am Schluß kann auswendig und gemeinsam das ganze Lied noch einmal gesungen werden. Die Kinder haben sich zwischenzeitlich eingeprägt, was in den verschiedenen Taschen zu finden war. Sie deuten beim Singen auf die Taschen und zeichnen bei der Benennung der Objekte deren Umrisse in die Luft.

Eine Variante zum bisherigen Text könnte jetzt auch sein:

Ich fühlte die Nuß! -- Wir fühlten den Apfel! (immer zuerst nur eine Abänderung!)
Ich esse die Birne!

Beim letzten Beispiel ist eine Eß-Geste angebracht, gefolgt von einer Formdarstellung des Obstes mit beiden Händen.

In weiteren Durchgängen können wir - im Sinne der Lieddarstellung - mehrere Objekte gleichzeitig in die Taschen legen. Der oben beschriebene Spielablauf als solcher bleibt bestehen.

Wenn später das Obst, das Gemüse, die Lebensmittel aus den Taschen herausgenommen werden, kann selbstverständlich in Anlehnung an das bekannte Spiel „Ich seh´etwas, was du nicht siehst" ein bestimmter Gegenstand auch erraten werden :

Sage mir, was ich sehe /fühle! - Es ist lang! Es ist grün... → *Du siehst / fühlst die Gurke!*

Vielleicht wollen wir auch noch an den Geruchsinn denken und dementsprechende Sätze ausformulieren.

Das ist die Ta- sche, aus der ich gern na- sche!
Ich füh- le den Ap- fel!
Ich füh- le den Ap- fel, ich füh- le die Bir- ne! Ich

Tierspiel I - Wir hören Tiere

Titel: Tierspiel I - Wir hören Tiere

1. Die sequentielle Einbettung

Bestimmten Tieren werden schon im Vorfeld dieser Einheit zu deren Bewegungsweisen elementare Musikinstrumente zugeordnet, z.B.

Das Tier (seine Gangart)	Musikinstrument (Gebrauch)
der Hase (hoppeln/hüpfen)	Handtrommel (mit Schlägel anschlagen)
der Käfer (krabbeln)	Handtrommel (mit Fingerspitzen antippen)
die Ente (watscheln)	Handtrommel (mit Handfläche anschlagen)
das Nilpferd (stampfen)	Bongos/Pauken (anschlagen)
die Katze (schleichen)	Handtrommel (mit Handfläche über das Fell streichen)
der Vogel (flattern)	Ratsche, Guiro, Cabaso, Rahmenrassel (artgerechter Gebrauch)
die Schlange(schlängeln)	Triangel (leicht anschlagen)

Übergeordnete Zielstruktur:

Kennenlernen der Hörbilder von Gangarten einiger Tiere - die Umsetzung dieser Gangarten in Ganzkörperausdruck und Lautgebung - die lexikalische Repräsentation dieser Gangarten - elementare syntaktische und semantische Formen

2. Die Charakterisierung des Liedes

Die erste Liedzeile führt zum Thema. Die Leerzeichen auf „hm" sind rhythmisch-melodische Stellvertreter für einen wichtigen Satzteil, der erst in der zweiten Zeile gesungen wird (z.B. „wie der Hase hoppeln kann").
Die Kinder erraten die Zusammenhänge dennoch, weil sie anstelle des Textes den passenden Klang (hier: Handtrommel) hören.
Der eigentliche Text kann in der Folge gesungen werden.
Die weiteren Notenzeilen verstehen sich als sprachlich-motorische Nachahmungen der Klangbilder. (s. Echo-Lied)

3. Die sprachlichen Lernfelder	Die Inhalte
hoppeln, watscheln, stampfen usw. (s. Nr.1)	**Lexikon** Gangarten der Tiere im Infinitiv
der Hase das Nilpferd die Ente usw.	**Syntax** Artikel und Nomen im Nominativ
..wie der Hase hoppeln kann.. ..wie der Käfer krabbeln kann.. ..wie das Nilpferd stampfen kann.. usw.	**Semantik/Syntax** richtige Zuordnung von Nomen und Verb (Infinitiv)
hop-hop-hop-hop stampf schlängel-schlängel-schlängel usw.	**Phonetik** rhythmisch-melodische Imitation von Klängen bzw. Lautverbindungen

4. Die methodische Gestaltung

Die Kinder hören beim Singen der 1. Notenzeile den Klang eines bestimmten Musikinstrumentes und assoziieren ein Tier (s.o.). Danach nehmen sie die Haltung dieses Tieres ein:

Klang (s.oben)	Tier	Haltung
Handtrommel - anschlagen	Hase	Hasenohren mit den Zeigefingern beider Hände
Handtrommel - antippen	Käfer	Hand am Boden - bereit zum Krabbeln
Handtrommel - anschlagen	Ente	Hockstellung - Grundposition zum „Entengang"
Pauke - anschlagen	Nilpferd	„schwer" mit allen Vieren am Boden
Handtrommel - anstreichen	Katze	Schleichhaltung

Rahmenrassel - schütteln	Vogel	Arme als Flügel in Seithaltung
Triangel - leicht anschlagen	Schlange	Kriechhaltung

Die erste Liedzeile kann mit „hm" gesungen und rhythmisiert werden. Dies wird aber erst dann angeraten, wenn die Kinder bereits über gewisse sprachstrukturelle Vorstellungen verfügen - also nicht gleich zu Beginn! Anfangs sind die erste und die zweite Liedzeile identisch - später fokussiert die auditive Aufmerksamkeit aufgrund der Stellvertreter-Silben noch intensiver den Lernsatz.
Zuerst bewegen sich ein oder mehrere Kinder rhythmisch in der Art der Tiere. Die instrumentelle Begleitung geschieht grundsätzlich.
Im weiteren Verlauf verzichten wir auf grobmotorische Darstellungen. LehrerIn oder SchülerIn wählt ein bestimmtes Musikinstrument aus und läßt es kurz erklingen. Danach singen die Kinder den ganzen Text.
Beispiel:

LehrerIn wählt die Handtrommel aus und streicht mit der Handfläche über das Trommelfell
Kinder singen: „Hört ´mal an! Hört ´mal an! Wie die Schlange schleichen kann!"

Die Imitationen der Lautverbindungen (s. weitere Notenzeilen) erfolgen als Frage- und Antwortspiel immer in Verbindung mit dem jeweiligen Musikinstrument. Ein Kind wählt ein Instrument aus und spielt es ein- oder mehrmals an. Die entsprechende Lautausprägung wird hinzugefügt und von den anderen Kindern imitiert:

Instrument/Tier	Sprachliche Realisation
Handtrommel/Hase	hop/hüpf
Handtrommel/Käfer	krabbel
Gummimatten/Ente	watschel
Pauke/Nilpferd	stampf
Handtrommel/Katze	schleich
Rassel/Vogel	flatter
Triangel/Schlange	kriech/schlängel

Sänger 1

Sänger 2

hop hop
hop hop
hop hop hop
hop hop hop
hop hop hop hop
hop hop hop hop

Tierspiel II - Wir spielen Tiere

Titel: Tierspiel II - Wir spielen Tiere

1. Die sequentielle Einbettung

Die sprachliche Förderabsicht der letzten Einheit wird mit diesem Spiellied weitergeführt. Der Handlungsrahmen und die Auswahl der Tiere von *Tierspiel I* kann hier übernommen werden.

Übergeordnete Zielstruktur:
Die lexikalischen Repräsentationen der Gangarten von Tieren - Ausbau der Syntaxstrukturen von Tierspiel I

2. Die Charakterisierung des Liedes

Das Lied enthält keine allzu großen Schwierigkeiten, wenngleich die zu singenden Intervalle wohl erst eingeübt werden sollten. Ansonsten ist die Melodie einprägsam, weil sich die gleichen Teilelemente stets wiederholen. Melodisch hervorgehoben werden jeweils die Gangarten der Tiere:

Die Sätze werden in Dreiklängen gesungen, die sich nach oben -zum Zielverb hin - aufbauen.

Auch bei Textvarianten mit anderer Silbenzahl wird die Grundmelodie beibehalten , wie das Beispiel in Notenzeile 5 zeigt.
So entsteht eine dauerhafte Vertrautheit bei der ganzheitlich sprechhandelnden Gestaltung des Themas.
Der Auftakt in der dritten bzw. fünften Notenzeile kann gedehnt werden (eingezeichnete Fermate). Hier sollen sich alle Kinder in Ruhe auf die jeweils neue sprachliche Situation einstellen können.

3. Die sprachlichen Lernfelder	Die Inhalte
	Syntax: Aussagesatz - Subjekt u. Prädikat
Das Nilpferd stampft. -- Es stampft. Der Käfer krabbelt. -- Er krabbelt. Die Schlange kriecht. -- Sie kriecht. usw.	Nomen (mit Artikel) und Verb (später auch plurale Form!) Personalpronomen und Verb *(3. Person, Singular)*
Du hoppelst. (digitale Gesten!) Du schleichst. usw.	*(2. Person, Singular)*

Sie watscheln. (mehrere Kinder im Sie flattern. Kreis) usw. Wir hoppeln. Wir krabbeln.	*(3. Person, Plural)* *(1. Person, Plural)*

4. Die methodische Gestaltung

Die Spielgruppe im Kreis singt die 1. und 2. Notenzeile. Ein Kind darf ins Innere des Kreises und spielt dort ein Tier: es nimmt eine bestimmte Haltung ein, z.B. die Kriechhaltung einer Schlange.
Die anderen Kinder erraten das Tier und singen die 3. und 4. Notenzeile. Die Fermate über der ersten Note zeigt an, daß die Gesamtgruppe zunächst den Artikel gedehnt ansingt, hier also ***„dieeeee".*** Auf diese Weise können sich die Kinder auf den richtigen Text einstellen.
Der Text enthält den Handlungsrahmen. So heißt es am Schluß „.. und schaut sich um!". An dieser Stelle sucht das Kind nach einem anderen Spielteilnehmer, der als nächster in den Kreis darf.

Weitere Textvarianten lassen sich - je nach sprachlichem Handlungsbedarf - einplanen, ohne daß der spielerische Gesamtrahmen geändert werden muß. Auch die Melodie muß nur geringfügig gewandelt werden (s. Vorlage)

Wird das Lied in der 2. Person - Singular gesungen, dann können die Kinder beim „Du" auf das Tier zeigen und danach die Gangart des Tieres pantomimisch mit den Händen darstellen.

Bei allen pluralen Formen befinden sich im Kreis immer mehrere Kinder als Tiere.

O wie fein! O wie fein! Ein Tier will in den Kreis hi- nein!
Wel- ches Tier - wel- ches Tier - ist das hier?
Die Schlan- ge kriecht! Die Schlan- ge kriecht; sie kriecht im Kreis he- rum! Die
Schlan- ge kriecht! Die Schlan- ge kriecht; und schaut sich um!

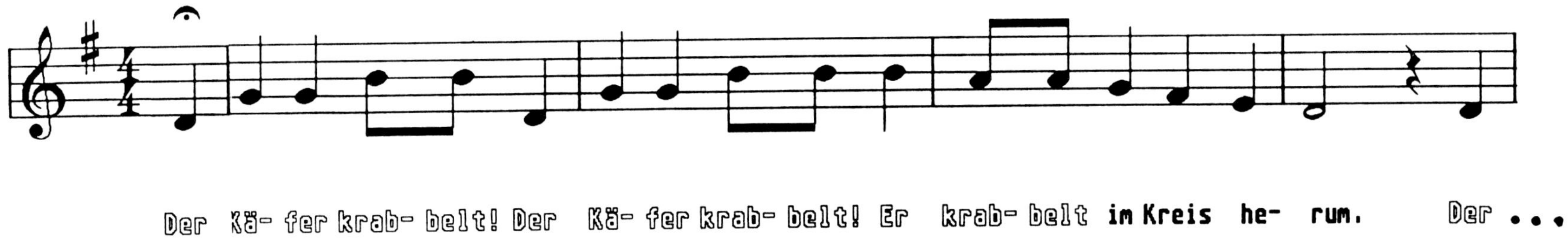
Der Kä- fer krab- belt! Der Kä- fer krab- belt! Er krab- belt im Kreis he- rum. Der ...

Tierspiel III - Wie Tiere rufen

Titel: Tierspiel III - Wie Tiere rufen

1. Die sequentielle Einbettung

Das beliebte und bekannte Spiel mit dem Titel „Hänschen, piep einmal" wird hier zur Grundlage gemacht.

> *Mit verbundenen Augen bewegt sich ein Kind tastend in einem Spielkreis und hört die Stimme irgendeines Beteiligten, dem es sich annähert. Da dieser Mitspieler seine Stimme verfremdet, ist eine Identifikation nicht so einfach. Unter Zuhilfenahme des taktilen Sinns gelingt dies dann aber doch. Weiß das Kind den richtigen Namen, so darf dieser Mitspieler in den Kreis. Im anderen Fall wird wiederholt.*

Es empfiehlt sich, zuerst einmal mit diesem Spiel zu beginnen.
Mit dem vorliegenden Lied ritualisieren wir den Grundgedanken des Spiels weiter, indem wir das Geschehen in einen melodischen Ablauf bringen und mit vielerlei Tierstimmen das Lautkonzept ausweiten. Diese Variante ist zwar anspruchsvoller, sie macht aber letztlich noch mehr Spaß und ist im Zusammenhang mit unserem Sprach-Fördergedanken lernintensiv.
Vor Spielbeginn wird es sinnvoll sein, einige der später erforderlichen Tierlaute erst einmal mit den Kindern einzuüben. So könnten etwa in Tiergeschichten, die vom Lehrer/der Lehrerin erzählt werden, immer wieder bestimmte Tiere auftauchen, deren Stimmen dann von den Kindern simultan gebildet werden, also

quak, grunz, piep,brumm, muh, miau

Die hier angesprochenen Tierstimmen können leicht in Verben umgewandelt werden: *quaken, grunzen, piepsen, brummen*, evtl. auch *muhen* oder *miauen*.
Einige Verben aus dem Bereich der Tierstimmen sind allerdings nicht lautmalerisch und können daher nicht unmittelbar in lautsprachliche Silben umgewandelt werden, z.B. „bellen", „blöken", „wiehern"...
Diese voll konventionalisierten Verben greifen wir erst später auf, wenn die Satzmodelle beim Singspiel schon sicher sind.

Übergeordnete Zielstruktur:

Phonetik/Phonologie: Das Hören, Unterscheiden und Erzeugen von Tierstimmen
Lexikon: Die Gewinnung von Verben aus ihrer lautmalerischer Urform und deren Absicherung
Syntax: Fragesätze, Aussagesätze

2. Die Charakterisierung des Liedes

Das Lied beginnt markant mit der zweimal gestellten Frage: „Wer (ruft) denn hier?“ Die aufsteigende Melodie zeigt an, daß es sich um eine Frage handelt. Auf einen Reim wurde ganz verzichtet.
In der zweiten Notenzeile erfahren wir die Antwort. Die Spannung kann sich lösen - die Melodie besitzt dementsprechend eine abfallende Tendenz.
Die Synkopen im Lied könnten bei schwächeren Kindern vernachlässigt werden.

3. Die sprachlichen Lernfelder	Die Inhalte
	Phonetik/Phonologie:
grunz, quak, piep, brumm, muh, miau	Hören, Unterscheiden und Bilden von Tierlauten
	Lexikon:
grunzen, quaken, piepsen, brummen..	einfache Verben, die aus Lautmalereien abgeleitet sind
pfeifen, brüllen, blöken..	Wortfeld: Tierstimmen
	Syntax: Fragesatz - Subjekt/Stellvertreter - Prädikat
Wer quakt ? Wer brummt ? .. Wer schnattert? Wer pfeift?	Interrogativpronomen und Verb
	Syntax: Aussagesatz - Subjekt - Prädikat
Der Frosch quakt. Das Schwein grunzt. Die Maus piepst. Der Bär brummt. Die Kuh muht. Der Vogel pfeift. usw.	Artikel - Nomen - Verb (3. Person - Singular)

4. Die methodische Gestaltung

Nur selten werden leider die Namen der beteiligten Kinder in ein Lied mit einbezogen. Wir sollten dies jedoch immer wieder tun. Eine Personifizierung verbessert die Identifikation mit dem Spielgeschehen erheblich.

Der Spielverlauf selbst ist einfach:

„Max“ befindet sich mit verbundenen Augen in der Mitte eines Kinderkreises und hört eine Tierstimme, beispielsweise:

„Quak“.

Er hört dies und singt:

„Wer quakt denn hier? Wer quakt denn hier? fragt der Max!“ (oder: „..frage ich!“)

Danach singt der Kinderkreis noch einmal denselben Text. Danach hört „Max“ dieses Quaken noch mehrmals und bewegt sich in Richtung Geräuschquelle (**Richtungshören**!).

Wir müssen selbst entscheiden, ob wir taktile Erfahrungen zur Lösungsfindung wollen. In diesem Fall darf „Max“ den Rufer abfühlen, um ihn zu identifizieren. Besser wäre es natürlich, die auditive Wahrnehmung ganz in den Vordergrund zu rücken. Über intensives Hören fördern wir die Sprache ganz besonders.

Nun steht „Max“ unmittelbar vor dem Rufer und glaubt, daß er über das Gehör den Namen weiß. Also singt er:

„Der Frosch quakt! Der Frosch quakt! Der <Steffen> geht in den Kreis!“

Die Kindergruppe erkennt, ob „Max“ richtig gehört hat. Zur Bestätigung wiederholt sie diesen Liedteil oder aber sie singt:

„Der Frosch quakt! Der Frosch quakt! Der <Max> bleibt in dem Kreis!“

Wer quakt denn hier? Wer quakt denn hier? fragt der Max. Wer
Der Frosch quakt! Der Frosch quakt! Die Ruth geht in den Kreis!

Tierspiel IV - Der Tanz der Tiere

Titel: Tierspiel IV - Der Tanz der Tiere

1. Die sequentielle Einbettung

Die drei anderen Tierspiele sind eine gute Grundlage für dieses Lied. Einige Elemente wiederholen sich hier, sodaß schon eine gewisse Vertrautheit bei den Kindern erreicht sein wird: Rufe der Tiere, ihre Gangarten... Insgesamt ist bei diesem Spiel jedoch der soziale Anspruch höher. Die Kinder suchen sich als Tiere Partner aus, mit denen sie tanzen wollen. Sind diese gefunden, so erfolgen auch die Tierrufe im Wechsel der beiden Partner.
Neu im Liedtext sind die Adverbialergänzungen. Da die Kinder auch szenisch handeln, werden diese Satzstrukturen bei der ständigen lustvollen Wiederholung eingeschliffen.

Übergeordnete Zielstruktur:
Vertiefung der Lerninhalte von Tierspiel I - III - Gemeinsame Dialoge: Tierstimmen im seriellen Wechsel - Einschleifung einer neuen Satzstruktur mit adverbialer Ergänzung

2. Die Charakterisierung des Liedes

Der Tonraum einer Quarte wird nicht überschritten. Im übrigen ist diese Quarte dominierendes Merkmal der Gesamtmelodie. Insofern dürfte es keine Probleme beim Singen dieses einfachen Liedes geben. Die Schüler werden sich beim ständigen Gebrauch recht schnell auf das markante Intervall (Quarte) einstellen.

Die erste und zweite Zeile des Liedes sind melodisch gleich. Trotz der variablen Textgestaltung sind die Sätze einprägsame Endreime. Diese beiden Zeilen können auch ein zweites Mal wiederholt werden.
Die dritte Zeile des Liedes besteht aus synkopierten Quartsprüngen, in die sämtliche Tierrufe situativ eingepaßt werden.

3. Die sprachlichen Lernfelder	Die Inhalte
piep (aus dem Wort „piepsen") quak, miau, grunz, pfeif, muh, wau, brr..	**Morphologie und Lexikon:** Tierrufe - zum größten Teil Abwandlungen der lautmalerischen Verben
Maus, Frosch, Katze, Schwein, Spatz, Kuh, Hund, Pferd..	**Syntax und Semantik** Zuordnung der richtigen Tiere zu den Rufen
Die Maus kommt aus dem Haus heraus, sie geht im Kreis herum! Das Pferd kommt aus dem Haus...	Subjekt - Prädikatteil 1 - Adverbialteil - Prädikatteil 2 Satzbildung zuerst mit den Verben „kommt" und „geht" und dem Nomen „Haus" *(universell bei allen Tieren)*
Die Maus saust aus dem Loch heraus, sie saust im Kreis herum!	Ersatz des Subjekts durch das richtige Personalpronomen
Der Frosch hüpft aus dem See heraus, er hüpft im Kreis herum! Die Katz´(Katze) schleicht aus dem Korb heraus, sie schleicht im Kreis herum! Das Pferd trabt aus dem Stall heraus, es trabt im Kreis herum! Der Spatz fliegt aus dem Nest heraus, er fliegt im Kreis herum! Die Kuh stapft aus dem Stall heraus, sie stapft im Kreis herum! Der Hund läuft aus der Hütte ´raus, er läuft im Kreis herum!	*Lexikalische Differenzierung* Zuordnung der richtigen Verben zu den Tieren
Das Schwein grunzt aus dem Stall heraus; es bleibt im Stall zurück! Zum Gehen hat es keine Lust, es ist ja viel zu dick!	*lustiger Abschluß!*

4. Die methodische Gestaltung

Der Anfang sollte einfach sein. Im Kreis nehmen die Kinder - ähnlich wie bei Tierspiel I - III - bestimmte Tierrollen ein, die von den anderen Kindern erraten werden sollen. Sie bewegen sich und rufen wie die Tiere. Die Zurufe im Kreis können durchaus immer dialogisch sein: „ quak - pieps - quak - pieps.." usw... Bei Imitationen mehrerer Silben muß das Kind die Zahl der Rufe beachten:

„wau - wau - wau - wau ---- muh - muh - muh - muh"
„br-brbrbr - br - brbrbr ---- qua - quaquaqua - qua - quaquaqua"

Man kann das Lied aber auch nur in der dargestellten Form ablaufen lassen (s. 2./3. Punkt) . Wichtig ist noch, daß die Handlungsabläufe immer gleichartig sind und sich auf diese Weise die zugeordneten Sätze einschleifen können.
Erst dann, wenn eine gewisse sprachlich-melodische Sicherheit zu erkennen ist, beobachten wir Bewegungsweisen und Schlafstätten der Tiere genauer und ersetzen die zu allgemeinen Begriffe so nach und nach in der oben dargestellten Form.
Beim lustigen Abschluß kann die Melodie beibehalten werden:

Das Schwein grunzt aus dem Stall heraus.
Es bleibt im Stall zurück!
Zum Gehen hat es keine Lust.
Es ist ja viel zu dick!
Grunz, grunz, tschüs, tschüs, grunz, grunz!

Die Maus kommt aus dem Loch her- aus; sie geht im Kreis her- um!
Sie sucht sich ei- nen Part- ner aus und das ist gar nicht dumm!
Piep- piep, quak- quak, piep- piep, quak- quak.

Das Riesenrad

Titel: Das Riesenrad

1. Die sequentielle Einbettung

Hier wird der Laut „R“ in den Mittelpunkt gestellt. Es darf also vorausgesetzt werden, daß an diesem Laut schon gearbeitet wurde. Grundsätzlich wird man diesen *Schwinglaut* bereits mit irgendwelchen Drehbewegungen angebahnt haben. Zur weiteren Einschleifung und Übung wählen wir sehr große, weite und eher langsame Schwingbewegungen mit den Armen. Die Kinder spielen „Riesenrad“ , indem sie z.B. immer dann, wenn sie ein „R“ hören oder sprechen, grobmotorisch aktiv werden. Dies bedeutet zugleich, daß andere Laute - auch solche, die wie das „CH“ ähnlich gebildet werden - nicht in Bewegung umgesetzt werden.
Man kann auch bestimmte Wörter oder Sätze sprechen und dann entscheiden lassen, wie oft sich das Riesenrad drehen muß, etwa beim Wort „Rhabarber“ drei Mal.
In der Folge werden Kärtchen mit Würfelpunkten oder Zahlenbildern hergestellt und ausgelegt. Je nach Zahlensymbol dreht sich das „Riesenrad“ langsam ein oder mehrere Male. Hierbei sollen die Kinder ein gedehntes „Rrr“ sprechen. Wer hat genügend Atem für fünf oder sechs langsame Umdrehungen?
Auch Wörter und Sätze können gesprochen werden, z.B. beim Zahlensymbol „3“ - „Rudi fährt Rad!“
Danach werden die vorbereiteten Kärtchen verdeckt in verschiedene Stapel gelegt. Jedes teilnehmende Kind hat seinen Stapel vor sich. Das eigentliche Spiel kann beginnen.

Übergeordnete Zielstruktur:
Einschleifung und Übung des Vibranten „R“ - phonetische und phonologische Sicherung dieses Lautes - Heraushören von R-Lauten aus Wörtern/Sätzen - betontes und handlungsbegleitetes Sprechen von R-Lauten in Wörtern und Sätzen (Seriation)

2. Die Charakterisierung des Verses

Der Vers prägt sich gut ein, da er Stabreim- und Endreimqualitäten zugleich besitzt. Die betonte R-Lautbildung erhöht die Motivation für schwingende Bewegungen (Schwinglaut). Die Identifikation mit dem Spielgeschehen fördert auch die Bereitschaft zum Sprechen der *schräg gedruckten Lernsätze,* die keine Versfom besitzen.

3. Die sprachlichen Lernfelder	Die Inhalte
	Phonetik/Phonologie
Der „R“ - Laut in Wörtern	Erkennen und Unterscheiden von R-Wörtern
	Syntax
Ich darf zwei Mal fahren. →	die Konjugation des Modalverbs „dürfen“
Du darfst .. → *Zeigegeste*	die (zeichengestützte) Verwendung von Personalpronomen
Er darf... →	Personalpronomen - Modal - Adverb - Verb
Ich fahre drei Mal. Du fährst ..	Personalpronomen - Verb - Adverb

4. Die methodische Gestaltung

Das Sprechgeschehen soll hier besonders stark über die Begleithandlung verdeutlicht werden.

- Die Arme werden bei jeder R-Silbe kreisförmig nach unten bewegt. Die darauf folgende Silbe (ohne „R“) dient der Rückführung der Arme nach oben. Auf diese Weise wird man spielerisch dem Versmaß gerecht und erzielt eine gute Einprägung des Gedichts.

Das rrrie- sen- grrros- se Rrrie- sen- rrrad, es drrreht sich rrrund im Krrreis.
(Wer fahren will, wer fahren will, der braucht jetzt seinen Preis.)

- Die Lernsätze werden digital mit Handzeichen unterstützt:
  - „Ich darf..!“ → Kind zeigt mit dem Zeigefinger auf sich selbst
  - „Du darfst..!“ → Kind zeigt mit dem Finger auf den andern
  - „Er darf..!“ → Zwei Kinder zeigen mit den Fingern auf ein drittes Kind
  - „ Wir dürfen..!“ → Alle Kinder zeigen mit einer Handgebärde im Kreise herum

Das riesengroße Riesenrad,
es dreht sich rund im Kreis.
Wer fahren will,
wer fahren will,
der braucht jetzt seinen Preis.

Ich darf zwei Mal fahren!
Du darfst vier Mal fahren!
Er darf drei Mal fahren!
Wir dürfen ... Mal fahren!

Ich fahre drei Mal!
Du fährst..! usw.

Das Krokodil

Titel: Das Krokodil

1. Die sequentielle Einbettung

Im Rahmen des Sprachaufbaus wird die Wahrnehmung bei diesem Spiel noch sehr auf die Lautverbindung als solche gerichtet (hier „KR"). Voraussetzung ist also, daß die vorliegende Lautstruktur schon phonetisch und phonologisch angebahnt ist. Die aggressiv-kehlige Lautbildung wird hier nun besonders über die Identifikation mit dem gefährlichen Krokodil angeregt. Alte Hemden werden zunächst grün eingefärbt und über die Köpfe gestülpt. Mit gierig ausgreifenden Armen spielen die Kinder sodann Krokodile und beißen zu, während sie „KR" lautieren. Damit die räumliche Orientierung erhalten bleibt, können die Kinder durch die geschlossenen Krägen der Hemden schauen.
Im Laufe der Zeit gewöhnen wir die Kinder an ein rhythmisch gegliedertes Zubeißen mit „KR-KR-KR" oder „KRKRKRRR - KRKRKRRR..", wobei die Schließbewegungen der Arme an die lautlichen Vorgaben angepaßt werden.
Um in die Wortebene zu kommen, sprechen wir Worte wie „Krokodil - Krokodil.." oder „gräßliches Krokodil - gräßliches Krokodil..", wobei immer beim Hören eines „KR" die Beißbewegung mit den Armen erfolgt:

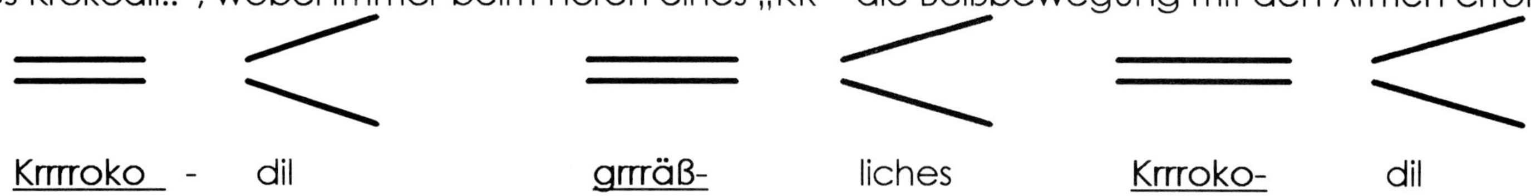

Das eigentliche Spiel kann allerdings erst beginnen, wenn (s. andere Spiele!) auch die Tätigkeits-Symbole der „Opfer"-Tiere bekannt sind: z.B. das Watscheln der Ente, das Hüpfen des Frosches...

Übergeordnete Zielstruktur:
Anbahnung, Einschleifung und Übung der Lautverbindung „KR" - spielerische und abwechslungsvolle Reihungen dieser Lautverbindung - Weckung der Aufmerksamkeit für lautliche Reihungen - Aufbau eines Sinngefüges („das zupackende Krokodil") und Bildung geeigneter Sätze

2. Die Charakterisierung des Verses

Der Vers bedient sich des Mittels der permanenten Lautwiederkehr (Stabreimtypus) und ist zugleich ein Endreim. Hierdurch wird er sehr einprägsam (s. Grundlegung). Der Vers schafft wie ein Refrain die Basis für die *Lernsätze, die schräg gedruckt sind* und keine Versfom besitzen.

3. Die sprachlichen Lernfelder	Die Inhalte
	Phonetik
die KR-Lautverbindung	Einschleifen und Üben dieser Lautverbindung in rhythmischen Variationen
	Lexikon (s.a. „Wir spielen Tiere")
watscheln, schwimmen, hüpfen, stampfen, kriechen	Gangarten der Tiere (als Handlungssymbole erkennen und benennen)
Ente, Fisch, Frosch, Nilpferd, Krokodil	die Namen der Tiere (evtl. mit Artikel) - Zuordnung zur Gangart
	Syntax
Bist du die Ente? Bist du der Fisch? ..	Fragesatz
Du bist die Ente! Du bist...	Aussagesatz: Subjekt - Prädikat - Gleichsetzungsergänzung Pronomen - Verb - Substantiv
Ich packe den Frosch. Ich packe.. Das Krokodil/ Es packt...	Subjekt - Prädikat - Objekt als Akkusativergänzung
Die Ente schmeckt gut (schlecht). Der Frosch schmeckt...	Subjekt - Prädikat - Adverb

4. Die methodische Gestaltung

Das Spiel beschränkt sich erst einmal auf den Vers. Die Kinder spielen Krokodile, indem sie die deutlich gesprochenen „KR"-Laute in rhythmisch-motorische Handlungen umsetzen. Der Vers schleift sich hierbei wie ein „Ohrwurm" ein.

Danach stellen sich die Kinder im Kreis auf. Durch typische Bewegungen zeigen sie, ob sie im Spiel eine Ente, ein Fisch, ein Frosch oder ein Nilpferd sein wollen. Ein Kind darf hierbei nicht zuschauen.

Jetzt spielt das übrig gebliebene Kind mit einem übergestülpten Hemd ein Krokodil. Es geht mit „KR" und rhythmischen Greifbewegungen herum, während die anderen Kinder den Vers sprechen. Am Ende des Verses bleibt „das Krokodil" stehen und greift nach einem Kind.

Das „Krokodil" fragt: „Bist du ..?"
Das andere Kind antwortet: „Ich bin..!"
Das „Krokodil" sagt dann z.B. : „Du bist der Frosch! Ich greife dich!

Jetzt ist das nächste Kind an der Reihe!

Das Krokodil, das Krokodil,
es kriecht im Kreis ohn`Ruh!
Es greift mit seinem großen Maul
ganz gräßlich grabschend zu!

Bist du die Ente?
Bist du..?

Ich bin (nicht) die Ente!

Du bist das Nilpferd!
Du bist..!

Ich packe/greife/fange.. dich/den Frosch.
Ich..,

Die Ente schmeckt gut!
Der Frosch schmeckt schlecht!

Sollen - können - dürfen - müssen

Titel: Sollen - können - dürfen - müssen

1. Die sequentielle Einbettung

Ausgangspunkt für die Arbeit ist das „S". Dieser Laut sollte zwar schon angebahnt sein, er kann aber auch in weiter ausgreifenden Zusammenhängen hier durchaus noch eingeschliffen und geübt werden. Bei der „Schlangenbeschwörung" (s.o. Titel „Schlangen") wurde das S bereits als relativ gespannter Laut erfahren und mit dem eher entspannten SCH verglichen.

In diesem Vers soll mit dem Laut S eine „aktive Bereitschaft" geweckt werden, die Bereitschaft zu tanzen, zu singen... Ein freudig „gespannter" Lachmund und die rhythmisch-fröhliche Art, mit der gezischt wird, schaffen hierfür die nötige Stimmung.

Im Vorfeld des eigentlichen Spiels kann man mit einem stimmhaftem „S" schon einmal tanzen oder singen , bzw. sausen oder springen.

Noch früher setzen wir an, wenn wir wie „Bienen summen" oder wie „Wind rauschen". Kreative Bewegungsweisen sollen bei den Darstellungen der Kinder gewürdigt werden.

Die Kinder könnten auch Luftballone spielen, die mit „SSS" langsam ihre Luft verlieren. Interessante Flugbewegungen, die echten Luftballonen abgeschaut wurden, dürfen hier imitiert werden.

Ein stockendes und rhythmisch abgesetztes (stimmloses) „S" entspricht hingegen mehr einer „piepsenden Maus". Sie saust mit „S - SSS - S - SSS" oder mit „Si - Se - Si - Se" usw. irgendwo im Raum herum und muß mit geschlossenen Augen gehört werden (Richtungshören).

In der Folge sind wir dann schon bei unserem Vers, der ebenfalls den S-Laut gehäuft enthält.

Übergeordnete Zielstruktur:

Der S-Laut ist elementarer Ausgangspunkt für komplexere sprachliche Wahrnehmungs- und Gestaltungsformen. Er wird weiter eingeschliffen und geübt. Gleichzeitig richtet das Kind seine Aufmerksamkeit auf syntaktische Formen, die sich aus den oben genannten Vorformen ergeben: Modalverben und Verben im Infinitiv.

2. Die Charakterisierung des Verses

Der Vers besitzt sowohl Stabreim- als auch Endreimcharakter. Er soll die kindliche Aufmerksamkeit intensiv wecken. Nicht nur der Inhalt, sondern auch die Form regt Bewegungsfreude an und erzeugt eine aktive Lernhaltung. Der *Text in Schrägdruck* ist kein Vers mehr. Er erwächst organisch aus dem obigen Text.

3. Die sprachlichen Lernfelder	Die Inhalte
Der S-Laut „S-SSS-S-SSS..“ „Si-Se-Si-Se“ ... (s. 1)	Phonetik: Das „S“ als gedehnter und rhythmisch „stockend“ gesprochener Laut Der dosierte Atemstrom mit „S“
Soll ich tanzen? Soll ich singen? Soll ich..? usw.	Syntax: *Fragesätze mit Modalverben* Modalverb - Personalpronomen (1. Person) - Verb (Infinitiv)
Kann ich sausen ? Kann ich springen? Kann ich..? usw.	
Darf ich singen? Darf ich.. ? usw.	
Muß ich tanzen? Muß ich..? usw.	
Soll er/sie tanzen ? Soll sie/er..? (kann, darf, muß)	Modalverb - Personalpronomen (3. Person) - Verb (Infinitiv)
Du sollst tanzen! - Ich soll tanzen! Du kannst..! Du darfst..! Du mußt..	*Aufforderungssätze mit Modalverben* Personalpronomen (2./1. Person) - Modalverb - Verb (Infinitiv)

Er soll tanzen! Sie darf singen! usw. Ich tanze. Sie springt. usw.	Personalpronomen (3. Person) - Modalverb - Verb (Infinitiv) *Aussagesätze* Subjekt - Prädikat (Konjugationen)

4. Die methodische Gestaltung

Der Vers wird nicht nur intensiv und ausdrucksstark gesprochen. Es erfolgen simultane Bewegungsformen, die das Sprechgeschehen rhythmisch und inhaltlich stützen:

Tanzen (Drehbewegung o.ä.) - Singen (Hände trichterförmig vor den Mund) - Sausen (pantomimischer Ansatz dieser Bewegung) - Springen (dementsprechende Bewegung)
„Ich find alles toll!" (begeisterte Haltung)

Den nun folgenden *Text im Schrägdruck* (ohne Versform) spricht ein anderes Kind. Je nach Vorgabe (sollen, können, dürfen, müssen) antwortet es:

„Du sollst..!" „ Du kannst..!" usw.

Das Kind kommt anschließend dieser Aufforderung nach. Es ruft mehrmals :

„ Ich darf tanzen!" o.ä.

und führt die entsprechende Bewegung aus.
Die Spiele können auch in den Bereich der Aussagesätze geführt werden. Das Kind sagt z.B. :

„Ich springe!"

und bewegt sich dementsprechend.

Soll ich tanzen? Soll ich singen ?
Sag mir, was ich soll?
Soll ich sausen oder springen?
Ich find alles toll!

Kann ich tanzen? Kann ich singen?
usw.

Darf ich tanzen? Darf ich singen?
usw.

(Muß ich tanzen? Muß ich singen?
usw.) kann auch entfallen.
(*Diese Strophe sollte mit einem eher griesgrämigen Gesicht gesprochen werden!*)

Soll sie/er tanzen? Soll sie/er singen?
usw.
Du sollst tanzen!
Du kannst singen!

Ich darf springen!

Sie darf sausen! .

Ich singe! usw.

Die Schnecke

Titel: Die Schnecke

1. Die sequentielle Einbettung

Das Hauptkennzeichen einer Schnecke ist ihre Langsamkeit. Außerdem fällt Kindern beim Stichwort „Schnecke“ meist die bekannte „Weinbergschnecke“ ein; sie denken an deren Schneckenhaus und die deutlich sichtbaren Fühler.
Beim typischen Schneckenspiel bewegen wir uns also gerne langsam mit ausgestreckten Armen (= „Fühler“) und ohne Augenkontrolle vorwärts oder verkriechen uns in unser „Schneckenhaus“. Diese betont langsame Gangart, verbunden mit einer Fühlhaltung und der Möglichkeit zum regressiven Rückzug ist ausgesprochen wirkungsvoll: die Wahrnehmungsfunktionen und die Konzentrationsfähigkeit werden meditativ gestärkt - Selbstvertrauen kann sich aufbauen.
Elementarsprachlich paßt der Laut SCH sehr gut zur Schnecke. Dieser Laut ist auch in vielen Begriffen zu finden, die mit der Schnecke zu tun haben: SCHnecke, SCHleim, SCHlüpfen, (SCH)püren, SCHlafen...
Bei der Sprachförderung suchen wir nach möglichst sinnvollen Assoziationen, wie wir sie auch schon in einigen unserer anderen Praxisbücher beschrieben haben.
Im Kontext mit der vorliegenden Einheit und dem Vers schlagen wir hier vor, die Spürhaltung der Kinder zu verbessern.

Das Kind sieht vor sich in 3-4 Metern Entfernung eine Wand. Es verfolgt mit seinen Augen den direkten Weg zu dieser Wand. Keine Hindernisse versperren diesen Weg.
Nun geht das Kind in die Hocke (ins „Schneckenhaus“). Mit *geschlossenen Augen* richtet es sich einatmend (evtl. mit inspiratorischem „S“) auf und streckt dann ganz langsam seine Arme („Fühler“) nach vorne. Gleichzeitig rundet sich auch der Mund nach vorne zu einem „SCH“. Nun bewegt sich „die Schnecke“ behutsam und langsam in Richtung Wand und lautiert ein „SCH“. Wenn es mit den beiden ausgestreckten Fingern gegen die Wand tippt, endet die Lautbildung. Im günstigsten Fall ist der Atem

ebenfalls zuende. Vielleicht kann das Kind nach einigen Versuchen seine Strecke so gut abschätzen, daß es nur wenige Zentimeter vor der Wand zum Stehen kommt.
Auch Wörter oder Sätze mit SCH können jetzt in die Handlung einfließen:

SCH → necken (SCH) ——————→ **|**püren die Wand (die Türe, das Fenster) usw.

<u>Übergeordnete Zielstruktur:</u>
Der SCH-Laut als elementarer Ausgangspunkt für komplexere sprachliche Formen - Spüren und Benennen von Objekten - Einfache S-P-O-Sätze

2. Die Charakterisierung des Verses

Der Vers ist markant und einprägsam. Die den Text charakterisierende SCH-Lautbildung soll organgenetisch mit der ausgreifenden Armbewegung (dem nach vorne gerichteten Fühlen) in Verbindung gebracht werden. Neben dieser stabreimhaften Gestaltung (der betonte und mehrmals wiederholte SCH-Laut) besitzt der Vers einen Endreim, der ganz bewußt in einen Normaltext hineinführt. („Was spürt sie da?") Nach diesem sprechmelodisch hervorzuhebenden Satz spricht das Kind die Objekte an, die es spürt!

3. Die sprachlichen Lernfelder	Die Inhalte
	<u>Sprachmelodien:</u>
Was spürt sie da? ↗	Fragesatz
	<u>Syntax:</u>
Die Schnecke spürt den Apfel (die Birne, die Kirsche..). Sie spürt den Stein (die Erde, das Blatt..). Ich spüre die Blätter... Ich spüre...	Subjekt - Prädikat - **Objekt** (4. Fall) Subjekt als Nomen oder Personalpronomen Objekt in singulärer oder pluraler Form
Spürst du.. ?	Fragesätze

4. Die methodische Gestaltung

Ein Kind befindet sich in einem Spielkreis. Als Schnecke im Schneckenhaus kauert das Kind noch auf dem Fußboden. Es kniet auf einem weichen Kissen, seinen Kopf und die Arme hat es in den Schoß eingezogen. Die Augen sind geschlossen.

Jetzt können verschiedene Gegenstände rund um das Kind so verteilt werden, daß diese von ihm mit den ausgestreckten Armen erreicht werden können.

Es hat sich auch bewährt, Schachteln mit bestimmten Inhalten um das Kind herum aufzubauen. Dies hat den Vorteil, daß in kürzester Zeit eine Vielzahl von Objekten wie Naturmaterialien bereitgestellt werden können und evtl. auch Mehrzahlbildungen und Oberbegriffe möglich sind (Äpfel, Birnen → Obst)

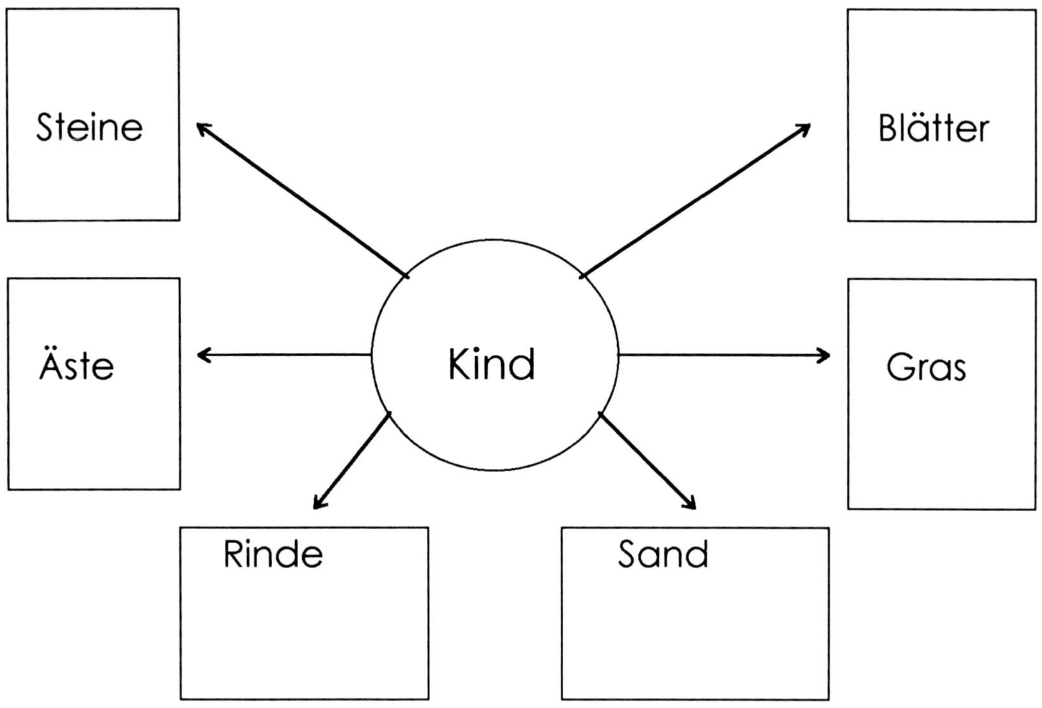

Die Schnecke schlüpft aus ihrem Haus
und schaut mit ihren Fühlern raus.

Was spürt sie da?

Ich spüre den Apfel!
Ich spüre den Stein!

Ich spüre die Steine!
Ich spüre die Äste!
usw.

Die Hexe Hinkebein - der Zauberer Schlurfenstein

Titel: Die Hexe Hinkebein - der Zauberer Schlurfenstein

1. Die sequentielle Einbettung

Die Welt des Märchens wird von Kindern gerne thematisiert. Sie schlüpfen automatisch in die Rolle eines Zauberers, wenn sie „Zauberhut" und „Zauberstab" besitzen. Mit einer selbst gemalten Hexenmaske und einem Kissen im Rücken als Buckel identifizieren sie sich leicht auch mit dieser Gestalt.
Je nach Vorarbeit (z.B. „der Wackelmann - die Zappelfrau") gelingt es, typische Ausdrucks- und Bewegungsweisen für diese beiden wichtigen Märchenfiguren zu finden. Spätestens zu dem Zeitpunkt, wo wir Namen wie „Hinkebein" und „Schlurfenstein" einsetzen, werden die Gestalten festgelegt und geprägt: die hinkende alte Frau und der betagte schlurfende Mann - beide „unheimlich" aufgrund ihres besonderen Wissens und ihrer Zauberkraft. In freien und später auch gelenkten Spielformen taucht immer wieder eine der beiden magischen Gestalten auf und beginnt zu zaubern oder zu hexen: man sucht nach magisch klingenden Hexen- und Zaubersprüchen und trägt diese feierlich vor.
Die *Benennungsfunktion* im Zusammenhang mit der vorliegenden Spielhandlung rückt ebenfalls in den Mittelpunkt. Hilfreich ist bei der sprachlichen Förderung die Gleichsetzungsergänzung, die den Gebrauch des Nominativs beim Substantiv erlaubt: „Du bist *eine Katze!"* - Auch dieser Bereich kann vorgearbeitet werden.
Übergeordnete Zielstruktur: Die Übereinstimmung von Sprechform (Sprechmelodie) und Inhalt - spielhandlungsorientierter Erwerb einfacher grammatikalischer Strukturen

2. Die Charakterisierung des Verses

Das „Hinken" der Hexe entspricht dem Betonungsmuster des Sprechverses. Die ersten beiden Zeilen werden dementsprechend rhythmisiert. Danach „steht die Hexe still, weil sie jetzt hexen will". Die Monotonie beim Sprechen dieser Worte unterstreicht die gespannte Ruhe. Sie macht die Kinder bereit, auf die nun folgenden Sätze genau zu achten, verbessert also unwillkürlich die Aufmerksamkeit.
Der eigentliche Zauberspruch erfolgt wiederum in der rhythmisierten Betonungsweise, was die Einprägung des Satzmusters erleichtert.
Beim Zauberer werden die ersten beiden Zeilen im Gegensatz zum Hexenvers monoton und tieftonig gesprochen, um die Schlurfbewegung zu verdeutlichen. Der Zauberspruch selbst wird in Abhebung dazu in eine mittlere Tonlage gelegt.

3. Die sprachlichen Lernfelder	Die Inhalte
hinken, schlurfen	**Lexikon:** Einprägen von Bewegungsformen über die Sprechform
Hinx, hanx, brimborium Schlurf, schlurf, brimborium	**Phonetik-Phonologie:** deutliche Artikulation als „magische Formel" Betonung und Einschleifung des SCH-Lautes zur Handlung
Hinx, hanx, Hinkebein. Du sollst.. Schlurf, schlurf, Schlurfenstein. Du ..	**Stimme - Auditive und kinästhetische Wahrnehmung:** Sprechen mit rauher, krächzender und hochtoniger Stimme Sprechen mit rauher, tiefer Stimme
sie (die Hexe), er (der Zauberer) Du sollst eine Katze sein! (eine Schnecke..jetzt ein Tiger, ein Nilpferd..) *- später erst Ein oder Dreisilber -* Er /Sie soll jetzt die Ente sein!	**Syntax:** Korrekte Verwendung der Personalpronomen in beiden Versen Erlernen des Satzmusters mit Personalpronomen, Modalverb und Gleichsetzungsergänzung (Nomen) und Hilfsverb als Vollverb 2. und 3. Person Einzahl

4. Die methodische Gestaltung

Die Kinder sind im Spielkreis. Drinnen befindet sich „die Hexe Hinkebein" bzw. „ der Zauberer Schlurfenstein", die schon einiges frei von sich erzählt haben und berichten, was sie alles verhexen bzw. verzaubern können.
Der Ablauf geschieht folgendermaßen:
Während die Hexe/ der Zauberer sich im Kreis bewegt, spricht die Kindergruppe die ersten vier Zeilen. Am Ende bleibt die Märchengestalt stehen und spricht alleine (evtl. Stützung durch Kindergruppe oder LehrerIn) den Hexen- bzw. Zauberspruch. Es wird immer das Kind angesprochen, welches sich in unmittelbarer Nähe zur Märchenfigur befindet. Es nimmt nach dieser Handlung die entsprechende Tierhaltung ein. Danach wiederholt sich der Vorgang.
Eine weiterführende Spielidee könnte sein, daß immer zwei Kinder im Kreis in das gleiche Tier verwandelt

werden. Diese Tiere müssen sich am Schluß über Tiergesten finden, damit der Zauber/die Hexerei aufgehoben werden kann.
Es könnten auch verschiedene Tierkärtchen verkehrt auf dem Boden liegen - „dem Zauberer sind diese Karten z.B. aus seinem Zauberbuch gefallen" . Erst - wer schleichend, hüpfend, watschelnd... sein Kärtchen gefunden hat, ist frei.

Die Hexe Hinkebein

Hinx, hanx, brimborium.
Die Hexe hinkt im Kreis herum!
Dann steht SIE plötzlich still,
weil SIE jetzt hexen will!

Hinx, hanx, Hinkebein.
DU sollST jetzt DIE KATZE sein!

Stimmführungsmuster

Hinx, ↘ hanx, brim- ↗ bori- ↘ um.

Die ↗ Hexe ↘ hinkt im ↗ Kreis her- ↘ um!

Dann steht sie plötzlich still, →
weil sie jetzt hexen will! →

Hinx, ↘ hanx, ↗ Hinke- ↘ bein.

Du sollst ↘ eine ↗ Katze ↘ sein.

Der Zauberer Schlurfenstein

Schlurf, schlurf, brimborium;
der Zauberer schlurft im Kreis herum.
(die Zauberin schlurft im Kreis herum.)
Dann steht **ER** plötzlich still,
weil **ER** jetzt zaubern will!

Schlurf, schlurf, Schlurfenstein.
DU soll**ST** jetzt **DAS NILPFERD** sein!

Stimmführungsmuster

Schlurf, schlurf, brimborium; tieftonig →
der Zauberer schlurft im Kreis herum. →

Dann steht er plötzlich still, mittlere Tonlage →
weil er jetzt zaubern will! →

Schlurf, schlurf, Schlurfenstein.
feierlich geschwungen

Du sollst ↘ jetzt das ↗ Nilpferd ↘ sein!

Das Feuer

Titel: Das Feuer

1. Die sequentielle Einbettung

Die Kinder besitzen schon gewisse Erfahrungen mit Lautmalereien wie z.B. rattern, klappern, sausen... (s.a. Thema: „Der Wackelmann - die Zappelfrau"). Diese Wörter haben bei der Sprachförderung eine große Bedeutung. Sie sind „vorsymbolisch" , da ihre Klänge noch signalhafte Bedeutungen haben und somit leichter zu erlernen sind. Der Gebrauch von Lautmalereien stärkt die auditive und kinästhetische Wahrnehmung.

Im Vorfeld dieser Stunde kann erprobt werden, welche Geräusche mit bestimmten Gegenständen erzeugt werden können. So erinnert das Zerreißen alter Zeitungen an ein „Zischen"; beim Knüllen von Papier entsteht hingegen ein „Knister"-Geräusch. Bricht man kleine morsche Zweige, so hört sich dies wie ein „Knacken" an. Bei vielen Zweigen, die gleichzeitig zerbrochen oder zertreten werden, entsteht u.U. ein „Prasseln".

Wir müssen den Kindern nicht gleich die gängigen Verben vermitteln. Viel wichtiger ist es, die Kinder zur kreativen Umsetzung der Geräuschstrukturen in Lautwerte anzuregen, z.B. „Knister-knister.., knack und krach!" Mit einiger *Hörerfahrung* ergeben sich automatisch derartige Wörter.

Das Thema „Feuer" ist für das Kind nicht nur aus heimat- und sachkundlicher Sicht von Bedeutung („Was brennt? - Was brennt nicht?"). Auch im Rahmen der Kunst- und Ausdruckserziehung kann das *Archetypische* des Feuers aufleben, wenn nicht nur gemalt wird, sondern in einer darstellenden Spiel- und Sprechhandlung der Mensch selbst das Feuer spielt.

Es ist schon wesentlich, Feuer in seiner transparenten Farbigkeit gelegentlich auf großflächiges Papier zu malen. Ergänzend sollte man hier auch über eine Geräusch-CD (oder eigene Bandaufnahmen z.B. am Kaminfeuer..) das Geschehen hörbar werden lassen.

Nach solchen Aktivitäten kann der hier vorgeschlagene Vers erfolgreich verarbeitet werden.

Übergeordnete Zielstruktur:

Lautmalereien aus Hörbildern herausarbeiten und in entsprechende Bewegungsweisen integrieren - spielhandlungsorientierter Erwerb einfacher grammatischer Strukturen

2. Die Charakterisierung des Verses

Vier typische Lautmalereien sind die rhythmische Basis des Verstextes. Sie werden anfangs öfter gesprochen und so gut artikuliert, daß geeignete Bewegungsweisen („züngelndes Feuer") zugeordnet werden können:

Knister	*Betonung des „S"* *(Mundspannung zur Seite)*	*seitwärts-oben-Bewegung*
zisch	*Betonung des „SCH"* *(Schnute nach vorne)*	*nach vorne - oben- Bewegung*
prassel	*Betonung des „S"*	*seitwärts-oben-Bewegung*
fauch	*Betonung des „CH"*	*wie beim „SCH"*

Das Versmaß bleibt über die vier Zeilen gleich, so daß es den Kindern gelingt, bei langsamer Sprechweise im rhythmischen Wechsel die Züngel-Bewegungen an das Versmaß anzupassen.
Die nun folgenden Sätze sind nicht mehr Teile des eigentlichen Verses. Sie erscheinen *beispielhaft im Schrägdruck.*

3. Die sprachlichen Lernfelder	Die Inhalte
knister, zisch, prassel, fauch	Phonetik-Phonologie: Wahrnehmen und Memorieren von Feuergeräuschen Unterscheiden von verschiedenen Feuergeräuschen Artikulation schwieriger Laute und Lautverbindungen kinästhetische Verarbeitung im darstellenden Spiel
Ich werfe den Bleistift ins Feuer. Ich werfe den Stein ins Feuer. (evtl. „Du wirfst..") Der Bleistift brennt. Der Stein brennt nicht.	Syntax: Erwerb der vorliegenden Satz- und Kongruenzstrukturen

4. Die methodische Gestaltung

Ein kleines Feuer kann mit den sich bewegenden und nach oben gestreckten Fingerspitzen gespielt werden. Ein leises Zischen verbessert die Identifikation mit dem Geschehen. Später werden Hände und Arme, zuletzt auch der ganze Körper mit eingesetzt. Die „nach oben strebenden Flammen" können von einer „Musikergruppe" mit knisternden Papieren und knackenden Ästen „begleitet" werden. Auch die sprachliche Struktur verändert sich, indem verstärkt mit Lautmalereien gearbeitet wird: knister -- SSSCH -- CHCH - fauch.. o.ä.. Die kinästhetische Körperwahrnehmung soll mit den Spürweisen im Mundraum möglichst übereinstimmen: Bewegungsabläufe bei den Reibelauten (knisssster, zischsch.., prasssssel, fauchch..) - beim „S" eher eine gespannte Seitwärtsbewegung der Arme, beim „SCH" /"CH" eine gebündelte Bewegung nach oben/vorne.

Fast unmerklich wird die Sprech- und Spielhandlung immer strukturierter:

> Die Lautmalereien werden in einen festen Ablauf gebracht: Knister, zisch - prassel, fauch - Knister...
> Wir achten immer auf eine synchron möglichst ausdrucksvolle und stimmige Körperdarstellung.
> Sind die Handlungen rhythmisch genug, dann wird der Vers sukzessive eingesprochen. Die Kinder lernen den Text, indem sie ihn in ihre Bewegungshandlungen „einbeziehen" und einfach mitsprechen.

In der Folge kann es auch gelingen, einfache Sätze zu sprechen. Während die Kindergruppe das Feuer spielt, wirft ein Kind einen Gegenstand oder eine größere Bildkarte (z.B. Bierdeckel mit Wortbild) in den Kreis und sagt:

> *„Ich werfe den Hut ins Feuer!" „ Der Hut brennt!"*
> *„Ich werfe die Schraube ins Feuer!" „Die Schraube brennt nicht!"*

Es sei betont, daß die Satzbildungen in die Handlungen integriert werden sollen. Die Kinder werden hier etwa als „Flammen" auf den „Hut" anders reagieren als auf die „Schraube". Im ersten Fall „umlodern" sie also den Gegenstand oder die Bildkarte. Im zweiten Fall verbleiben sie hingegen an einer anderen Stelle.

Das Feuer

Knister, zisch, prassel, fauch,

Feuerflamme und auch Rauch.

Wir verbrennen Stück für Stück.

Nur noch Asche bleibt zurück!

Ich werfe die Schachtel ins Feuer!
Die Schachtel brennt!
usw.

Der Zirkus

Titel: Der Zirkus

1. Die sequentielle Einbettung

Wir sollten immer wieder die Gelegenheit nutzen und mit Kindern in den Zirkus gehen. Gemeint ist nicht die Erfahrung „aus zweiter Hand", wenn etwa im Fernsehen eine Zirkusveranstaltung übertragen wird. Wir denken an die Atmosphäre, die ein wirklicher Zirkus besitzt: das riesige Zelt, der Geruch nach Tieren, die Musik und das Publikum, die Kleidung und Sprache der Akteure, der „Zauber" bei den Vorführungen, der Zirkusdirektor und.. der Clown! Diese Stimmung können wir natürlich nicht selbst erzeugen. Wir können aber unseren Spielkreis als Arena betrachten, mit ein paar einfachen Orff-Instrumenten Musik machen und mit leicht veränderter Stimme und Sprache die „Nummern" ankündigen.

Die Kinder im Kreis sind zunächst Musikanten und Zuschauer zugleich. Im freien Musikspiel kündigen sie immer eine neue Vorführung an. Bei der Verwendung von Xylophonen und Metallophonen sollte man aus den üblichen Instrumenten (normale C-Tonleiter) den Leit- und den Gleitton herausnehmen: es verbleiben also die Töne C - D - E ----- G - A. Man kann jetzt ohne Probleme „ad libitum" spielen - Fehler gibt es nicht! Das freie Spiel auf dieser pentatonischen Skala klingt außerdem „fremdländisch", was zum Zirkus paßt.
Wenn einzelne Kinder in der „Arena" als Tiere, Artisten oder Clowns etwas vorgespielt haben, dann spielen die anderen die dazu passende Musik, bei der wir verstärkt darauf achten, daß sie immer rhythmischer wird. Ein Rhythmus stellt sich auch ein, wenn z.B. eine sprachliche Ankündigung erfolgt:

„Jetzt kommt der gros - se Zir - kus - Bär! - O - Leu - te - schaut - ´mal - al - le - her!"

(es muß nicht immer ein Reim sein!)

In dieses rhythmische Spiel flechten wir so nach und nach unseren Liedtext ein, und begleiten - auch bei laienhafter Handhabung der ausgewählten Klangstäbe *immer richtig(!)* - unseren Liedtext.

Übergeordnete Zielstruktur:

Objekte (Artikel, Adjektiv, Nomen) in Sätzen: Beachtung der innerphrasischen Kongruenzen
Elementare Subjekt-Prädikat-Sätze

2. Die Charakterisierung des Liedes

Der melodische Verlauf des Liedes ist einfach: eine aufsteigende pentatonische Tonleiter und deren Umkehrung. In der zweiten Zeile wird der zweimalige Ausruf „das ist schön!" hervorgehoben durch einen Verbleib im Hochton. In der Folge bewegt sich die Melodie abfallend zum Grundton zurück. Die Melodie kann in beliebiger Weise begleitet werden.

3. Die sprachlichen Lernfelder	Die Inhalte
Kinder spielen einen Tanzbären, ein Nilpferd, einen Clown, einen Löwen	**Semiotik:** „Lesen" von Körpergesten - Benennung der Akteure
Alles will zum Zirkus geh`n, und den großen Tanzbär´n seh´n. ..und das faule Nilpferd seh ´n. .. und den lustigen Clown anseh´n. .. und den wilden Löwen seh´n.	**Morphologie/Syntax:** Innerphrasische Kongruenzen (Artikel - Adjektiv - Nomen) Deklination von Genus und Kasus
Er tanzt! Er brummt! (Tanzbär) Es stampft! Es schnaubt! (Nilpferd) Er hüpft! Er lacht! (Clown) Er springt! Er brüllt! (Löwe)	**Syntax:** Sprechen elementarer Sätze - Subjekt - Prädikat Personalpronomen (Genus-Variante) - Verb (Personalendung - 3.Fall)

4. Die methodische Gestaltung

Der Liedtext und die Melodie werden - wie bei 1. beschrieben - sukzessive in die Gesamthandlung eingebaut. Die Kinder entscheiden sich, ohne dies verbal preiszugeben, für eine der angebotenen Rollen und dürfen der Reihe nach in den Kreis treten.
Während die anderen Kinder auf ihrem Instrumentarium spielen, stellt sich ein Kind in seiner Rolle pantomimisch und lautlich dar. Wenn die Mitspieler die Rolle erraten haben, kann eine Strophe mit dem passenden Text ein- oder mehrmals gesungen werden. In dieser Zeit stellt sich das Kind in besonders ausdrucksvoller Weise dar.
Jetzt endet die Melodie; der Takt wird aber von den Rhythmus-Instrumenten weitergeführt (Schläge in halben Noten). Hierzu kann nun gesprochen werden - etwa beim Löwen:

Er springt! d d *Er brüllt!* d [*] d *Er springt! usw.*

Zwischen den beiden Melodieteilen (Zeile 1 und Zeile 2) werden also rhythmisch die S-P-Sätze gesprochen:

Er tanzt! Er brummt! Tanzbär

Es stampft! Es schnaubt! Nilpferd

Er hüpft! Er lacht! Clown

Er springt! Er brüllt! Löwe

---

[*] Halbe Note im 4/4- Takt

Al- les will zum Zir- kus geh'n und den gros- sen Tanz- bär seh'n!
Das ist schön! Das ist schön! Al- les will zum Zir- kus geh'n!

Lachen und weinen

Titel: Lachen und weinen

1. Die sequentielle Einbettung

Beim Rollenspiel wollen wir gerne auch unsere sprachlich schwächeren Kinder „zum Ausdruck kommen" lassen. Es ist anfangs garnicht so sehr die gesprochene Sprache, die wir zentrieren. Oftmals stellen wir fest, daß der gesamte expressive Bereich noch einer Förderung bedarf. Man denke z.B. an die Faszination des Märchens, das von kleinen Kindern innerlich besonders gut nachvollzogen werden kann, wenn es durch aktive Rollenübernahmen zuerst auch „durchspürt" wurde. Es sind aber auch ganz normale Alltagsrollen, die neben einer inhaltlichen Seite immer zugleich eine Beziehungsseite haben. Aus Erfahrung wissen wir, daß selbst durchlebte Rollen zu verbesserter Eigen- und Fremdwahrnehmung führen, unabhängig davon, ob wir jetzt an den nichtsprachlichen oder den sprachlichen Ausdruck denken.
Die wurzelhafte Verankerung der Sprache beim Rollenspiel in der gelebten Spielhandlung ist unumstritten. Von dieser Grundlage sollten wir also ausgehen. Neben eher magisch-märchenhaften Rollen beziehen wir also auch Alltagsrollen in das Spiel ein. Es gibt in der Familie, in der Nachbarschaft der Kinder und im Kindergarten oder in der Schule genügend Anlässe, die nach situativen Mustern durchlebt werden können. Diese emotionalen Momente sind gewissermaßen der Urgrund unserer Sprache.
Wir gehen auch bei dieser Einheit davon aus, daß das Kind schon sehr viele soziale und emotionale Grunderfahrungen besitzt und rücken die Darstellung von Gefühlen an den Anfang. Diese Erfahrungen sind ursprünglich natürlich immer eingebettet in situativ-konkrete Zusammenhänge, werden später im Spiel aber - z.B. in Versen und Liedern - zu reduzierten Handlungen* .

Übergeordnete Zielstruktur:

Schnelle Einstellung und Darstellung von Gefühlen (Körpersprache!) - Wahrnehmung von Gefühlen (Eigen- und Fremdwahrnehmung) - richtiges Benennen der Gefühle - Schaffen grammatikalischer Zusammenhänge

* Gemeint sind Handlungen, bei denen die Begriffe „ lachen", „schimpfen".. ohne die inhaltlichen Hintergründe gespielt werden.

2. Die Charakterisierung des Liedes

Die beiden Liedzeilen sind melodisch sehr ähnlich, obgleich verschiedene Texte unterlegt wurden. Die Melodie ist aufgrund der kleinen Intervalle denkbar einfach. Trotzdem wirkt sie lustig und erinnert von ihrer Art etwas an kindliche Neckverse.

3. Die sprachlichen Lernfelder	Die Inhalte
lachen, weinen, grölen,schimpfen, spotten, grinsen, blödeln.. husten, singen, jodeln, springen, flöten, schauen..	Semiotik/Semantik: Spielen und Deuten von Gefühlsregungen (Verbleib bei zweisilbigen Verben im Infinitiv) Ausweitung der Wortwahl auf andere Begrifflichkeiten (Schule, Alltag..)
Seht mal an,.. wie die Lisa schimpfen kann! usw.	Syntax/Semantik: Integration der Eigennamen der Kinder (Identifikation) Einbau der Infinitiv-Verben (mit Modalverben) in das Lied
Der Steffen lacht!.. und das ist gut! Die Lisa weint! .. und das ist schlecht!	Verben in Subjekt-Prädikat- Sätzen semantische Wertung der gespielten Situation

4. Die methodische Gestaltung

Ein Kind in der Kreismitte spielt ein Gefühl aufgrund bestimmter Vorgaben:

- erzählte Geschichte
- Bildkarten mit Kindern in Gefühlsposen (Fotos, Polaroid-Schnellfoto, Zeichnungen..)
- Wortkarten mit den Verben
- Bildgeschichten oder Bildkarten, die Gefühle auslösen (stürzendes Kind → weinen)
- gefühlsauslösende Texte

Wenn sich gewisse Fertigkeiten eingespielt haben, kann auch ohne Vorgaben gespielt werden. Dies beschleunigt den sprachlichen Umsatz.

Die erste Liedzeile kann ins Spiel einfach hineingesungen werden. Die im Kreis stehenden Kinder zeigen alle auf das eine Kind und singen: „Seht mal an, seht mal an, wie die Lisa .." (der Textrest ist vom augenblicklichen Rollenspiel abhängig). Die Zeigegeste (mit dem Finger) unterstreicht nicht nur den Liedtext - sie führt auch dazu, daß die Kinder bewußt auf das gestikulierende Kind blicken und sein gespieltes Gefühl wahrnehmen.

Mit kann sich längere Zeil auf diese erste Liedzeile beschränken und erst einmal viele Haltungen gestisch durchspielen. In diesem Fall kommen viele Kinder sehr häufig an die Reihe - die Bereitschaft für die Darstellung von Gefühlen und das Verständnis für körpersprachliche Mitteilungen wachsen.

Wer will, kann hier auch schon Alltagsrollen angliedern: schreiben, malen, hüpfen, kochen...

Wichtig ist grundsätzlich nur, daß die Kinder ihre Rollen einigermaßen typisch spielen. Im Laufe der Zeit werden sie auch kreativ und erfinden selbst immer neue Rollen.

Eine sprachliche Neugestaltung finden wir in der zweiten Liedzeile. Hier formulieren die Kinder trotz gleichbleibender Melodieführung ihre Sätze um. Die Inhalte der Eingangszeile bleiben erhalten. Ein semantischer Nachvollzug ist ebenfalls erforderlich, weil das letzte Wort korrekt sein soll. Die Zeigegeste lösen wir ab. Was hier besser paßt, ist eine Bestätigungsgeste: nach oben geöffnete Handteller werden vom Körper nach vorne abgestreckt. Je nachdem, ob die Situation „gut" oder „schlecht" ist, sollte eine Gefühlsgeste (für „gut" oder „schlecht") jede Strophe sinnvoll beenden.

Seht 'mal an, seht 'mal an, wie die Li- sa la- chen kann!
Die Li- sa lacht! Die Li- sa lacht! Und das ist gut/schlecht!

Der Wackelmann - die Zappelfrau

Titel: Der Wackelmann - die Zappelfrau

1. Die sequentielle Einbettung

Spielhandlungen kleiner Kinder sind meist *„Bewegungstheater"*. Das Sprechen besitzt zunächst noch eine untergeordnete Bedeutung. Die Bewegungsweisen selbst sind allerdings ebenfalls einfach und wenig koordiniert, oft auch klischeehaft. Typisch ist z.B. die langsame Gangart eines *alten Menschen* mit Stock. Auch der Rohrstock des *Lehrers* beim Unterrichten ist kaum aus dem kindlichen Spontanspiel herauszuhalten.

Mimik, Gestik und bewegter Körperausdruck schöpfen aus dem geistig-seelisch-körperlichen Urgrund , enthalten auch schon ein Stück der kindlichen Biographie und können am Anfang der Sprachentwicklung wichtige Impulse setzen. Der bewegte Ausdruck ist eine eigene „Sprache". Die Ausdruckshandlungen werden immer differenzierter - mit der Entfaltung des Denkens werden diese immer mehr in sprachliche Verbindung gebracht. Auf diese Weise wird das Kind über motorische Konzepte seines personalen Ausdrucks „sprachlich".

Ein positiver Ansatzpunkt für diese Entwicklungen sind Spielszenen, in denen Menschen, Tiere oder Sachen fundamental handeln, wobei diese Handlungen sukzessive in Sprache übergehen. Eine lautliche bzw. verbale Begleitung ist durchaus sinnvoll, wenn sie das Spielgeschehen präzisiert.

Beispiele:

Gangarten von Menschen	*„ge-hen" - „lau-fen" - „hüpfen"...*
handwerkliche Tätigkeiten	*„häm-mern" - „sä-gen" - „ma-len" ...*
sportliche, spielerische Tätigkeiten	*„se-geln" - „wer-fen" - „wür-feln"*

Übergeordnete Zielstruktur: Kennenlernen und Einschleifen wichtiger Bewegungsgrundformen - die Verbindung ausdruckshafter Körperdarstellungen mit den dazugehörigen lexikalischen Repräsentationen - der Gebrauch der Lernwörter im grammatikalischen Kontext: zusammengesetzte Nomen, Sätze

2. Die Charakterisierung des Liedes

Das Eingangslied eröffnet die Spielsituation: „Was ist das für ein hm-hm-Mann..?" Die ansteigende Melodie entspricht der Sprechmelodie bei Fragesätzen.
Die Melodieführung des eigentlichen Liedes („Der Wackelmann..) wirkt aufgrund der durchlaufenden Terzsprünge unruhig. Dies ist beabsichtigt, weil Unruhe ein Kennzeichen von Bewegung ist.
Einfacher zu singen ist hingegen die gleichbleibende Terz beim Singen der Kernsilben „wak-kel", „flat-ter" usw.. in der letzten Notenzeile.
Varianten zum Grundtext:

„Was ist das für ein Wackelmann, der solche Sachen machen kann?"
„Was ist das für ´ne Wackelfrau, was macht sie nur, wer ist so schlau?"

„Der Wackelmann, der Wackelmann, der wackelt immerzu."
„Die Wackelfrau, die Wackelfrau, sie weiß es ganz genau!"

3. Die sprachlichen Lernfelder	Die Inhalte
	Lexikon:
wak-kel, flat-ter, zit-ter..	Lautmalereien als Vorformen von Bewegungsverben
wackeln, flattern, hampeln, zittern, zappeln, hüpfen, springen evtl. auch rattern, knattern, klappern...	Wörter im Infinitiv, die Bewegungsgrundformen repräsentieren
	Syntax:
Was ist das für ein Wackelmann..? Was ist das für ´ne Wackelfrau..?	Fragesatz Aufbau und Betonung
	Morphologie/Syntax:
Zappelmann, Klapperfrau	zusammengesetzte Nomen (Dreisilber)
Der Wackelmann.., **er** wackelt.. **Die** Hampelfrau.., **sie** hampelt.. Der Zittermann/er zittert. Die Klapperfrau/sie klappert.	Artikel und Nomen/Personalpronomen - Genusvariante (Kongruenz: 3. Person, Einzahl)

4. Die methodische Gestaltung

Anknüpfend an die Vorstunde (s. sequentielle Einbettung) stellen die Kinder pantomimisch z.B. eine handwerkliche oder sportliche Tätigkeit, die Gangart eines Menschen, eine Spielform dar, die erraten werden soll.
In dieser Einheit sollen lustige Frauen und Männer (freudvolles Erlernen von Doppel-Nomen) erscheinen.
Die Kinder bewegen sich im vorgegebenen Rhythmus zum Tambourin oder Xylophon frei durch den Raum:

Dieser Rhythmus geht unmerklich in ein Lied über, das der Lehrer begleitend zur Bewegung singt: „Was ist das für ein hm-hm-Mann, der solche Sachen kann?" Man findet gemeinsam eine erste Bewegungsweise - der entsprechende Name wird in den rhythmischen Dreischlag hineingelegt, z.B: „Wak-kel-mann" .

Nun wird diese Tätigkeit selbst mehrmals hintereinander gespielt und gesungen, hier z.B: „wak-keln, wak-keln.." (anfänglich die lautmalerische Grundform: „wak-kel", „klap-per"..)
Das eigentliche Lied vom Wackelmann kann in der Folge gesungen und gespielt werden. Es dient der Sicherung des neuen Wortmaterials. Die Übertragung des Liedtextes auf immer neue Bewegungsweisen stabilisiert auch die grammatische Sprechweise der Kinder.

Was ist das für ein hm- hm- Mann, der sol- che Sa- chen ma- chen kann?
Der Wak- kel- mann, der Wak- kel- mann; er wak- kelt im- mer- zu! Er
wak- kelt hier. Er wak- kelt da. Und dann ist wie- der Ruh'.
wak- kel, wak- kel, wak- kel ...
wak- keln, wak- keln, wak- keln...

Die Katze und der Spatz

Titel: Die Katze und der Spatz

1. Die sequentielle Einbettung

Kindliche Spielhandlungen sind oftmals lebhafte sportliche Tätigkeiten. Dieser Aspekt tritt beim Singen und Sprechen aber meist in den Hintergrund, was eigentlich manchmal zu bedauern ist. Denken wir z.B. an das äußerst beliebte Spiel vom „wilden Mann", ein traditionelles Fangspiel, bei dem über die Ecken einer Turnhalle hinweg dialogisiert wird:

Hast du/Habt ihr Angst vor dem wilden Mann?
Nein!
Wenn er aber kommt?
Dann laufen wir davon!

Lebhafte Handlungen wie diese können nicht nur den körperlichen Ausdruck steigern, sie können durchaus auch die Sprachlichkeit unserer Kinder fördern. Bei Fangspielen sind es oft furchterregende Gestalten, mit denen sich die Fänger identifizieren wollen. Wir sollten dies berücksichtigen und überlegen, wie wir derartige Texte variantenreich verändern können, z.B.:

„Habt ihr Angst vor dem großen Gespenst? .. vor der alten Hexe? .. in unserem Kontext *vor der bösen Katze?"*
Nein!
Wenn es/sie aber kommt?
Dann laufen wir davon!

Dieser Sprechvers und seine Varianten enthalten an sich schon viele sprachfördernde Akzente. Mit einem Bettlaken für das Gespenst, einem Kopftuch für die Hexe oder aber einer Katzenmaske haben wir auf sehr wirkungsvolle Weise gleichzeitig auch die „Strophe" verändert (Genus - Kongruenzmuster). Da diese Sätze hochfrequent und mit großer Spielfreude gesprochen werden und außerdem fast immer der Wunsch nach der Fortsetzung des Spiels geäußert wird, lernen die Kinder wichtige grammatikalische Sachverhalte. Solche Verse können zwischendurch immer wieder kurz „eingeschoben" werden.

Die Kinder lernen, indem sie mit Interesse ganzheitlich handeln. Insofern bleiben die Satzmuster keinesfalls nur „an der Oberfläche" - ein „pattern drill" wird vermieden.

Übergeordnete Zielstruktur: Spielhandlungsorientierter Erwerb einfacher grammatikalischer Strukturen

2. Die Charakterisierung des Liedes

Das lustige Spiellied soll die Kinder zur ausdrucksvollen Gestaltung ermuntern.
Die Liedmelodie ist am (semantischen) Bedeutungsgeschehen orientiert:

„Der Spatz fliegt sehr schnell weg!" - Melodieführung nach oben
„Die Katz´fällt in den Dreck!" - Melodieführung nach unten
„Der Spatz sitzt noch auf einem Stein!" - Monotone Melodieführung auf unterem Niveau

3. Die sprachlichen Lernfelder	Die Inhalte
„Der Spatz fliegt..!" usw. (s.Nr. 2)	Die Assoziation von Spielabläufen mit sprachlich-melodischen Mustern - handlungsorientierte Einschleifung von Satzmustern über stets sich wiederholende Abläufe
Die Katze hebt.. Sie greift.. Der Spatz fliegt.. Die Katz` fällt..	Syntax: Aussagesätze: Subjekt - Prädikat Artikel + Nomen/Personalpronomen + Verb (3. Person, weiblich + männlich,) *Die../ Sie ..t* *Der ../ Er ..t*

	<u>Syntax:</u> Aussagesätze: Subjekt - Prädikat Varianten
Ich hebe.. (Spielszene als Partner- Ich greife.. geschehen) Ich fliege.. *s. Notationsbeispiel* Ich falle..	(1. Person) *Ich ..e*
Du hebst.. (Ein Teilnehmer handelt, der andere spricht!)	(2. Person) *Du ..st*
Wir heben.. Ihr hebt.. Sie heben..	Mehrzahl-Formen sind ebenfalls denkbar!

4. Die methodische Gestaltung

Das Lied wird mit dem lebhaften Szenenspiel (s.1.) vorbereitet und ins neue Spiel übergeführt:

ein Kind spielt die Katze und es muß ihm gelingen, mit seiner „Tatze“ den „Spatz“ zu fangen. Die Aktion ist zeitlich gebunden. Es darf nur gefangen werden, solange die erste Liedzeile gesprochen bzw. gesungen wird:

„Die Katze hebt die Tatze. Sie greift jetzt nach dem Spatze!“

Während die Kinder also langsam und betont sprechen bzw. singen, „hebt die Katze ihre Tatze und läßt sie wieder fallen". In dieser Zeit muß „der Spatz gefangen" werden. Gelingt dies, so spielt das abgeschlagene Kind die Katze. Dieses Spiel- und Sprechgeschehen wird oftmals wiederholt.
Wir wollen die sprachliche Seite aber noch weiter ausbauen und das lebhafte Handlungsgeschehen zurücknehmen. Hierzu schneiden wir die beigefügten Kärtchen („Spatz auf Stein" bzw. „fliegender Spatz") aus, vermischen sie gut und legen sie mit der Bildseite nach unten auf einen Tisch. Jetzt kann ein Kärtchen nach dem anderen gezogen und aufgedeckt werden.
Ein Spieler beginnt, indem er „als Katze seine Tatze nach oben bewegt und auf eine Spatzenkarte herunterschlägt": Hierbei wird wie oben gesungen:

„Die Katze hebt die Tatze. Sie greift jetzt nach dem Spatze!"

Mit großer Wahrscheinlichkeit deckt der Spieler einen „fliegenden Spatzen" auf. In diesem Falle wirft er diese Karte weg („fliegen") und läßt sich selbst auf den Tisch plumpsen („Fallen der Katze"). Dementsprechend wird in aufsteigender und abfallender Melodielinie gesungen:

„Der Spatz fliegt sehr schnell weg! Die Katz´ fällt in den Dreck!"

Mit ein wenig Glück zieht der Spieler schon nach kurzer Zeit „den Spatzen auf dem Stein". Dann kann gesungen werden:

„Der Spatz sitzt noch auf einem Stein. Die Katze sagt: >Oh fein< !"

Nun werden die Kärtchen wieder gemischt.Der andere Spieler ist an der Reihe. Gewonnen hat, wer schon nach wenigen Versuchen „den Spatzen fängt".

Es kann auch noch ein stärkerer personaler Bezug geschaffen werden. Bei einem weiteren Spieldurchlauf singen/sprechen wir in der ICH-Form (1. Person).
Des weiteren denken wir auch noch an die 2. Person bzw. an plurale Formen (s.3.)

Die Kat- ze hebt die Tat- ze. Sie greift jetzt nach dem Spat- ze!
Der Spatz fliegt sehr schnell weg! Die Katz' fällt in den Dreck!
Der Spatz sitzt noch auf ei- nem Stein. Die Kat- ze sagt: "Oh fein!"
Ich he- be mei- ne Tat- ze. Ich greif' schnell nach dem Spat- ze!

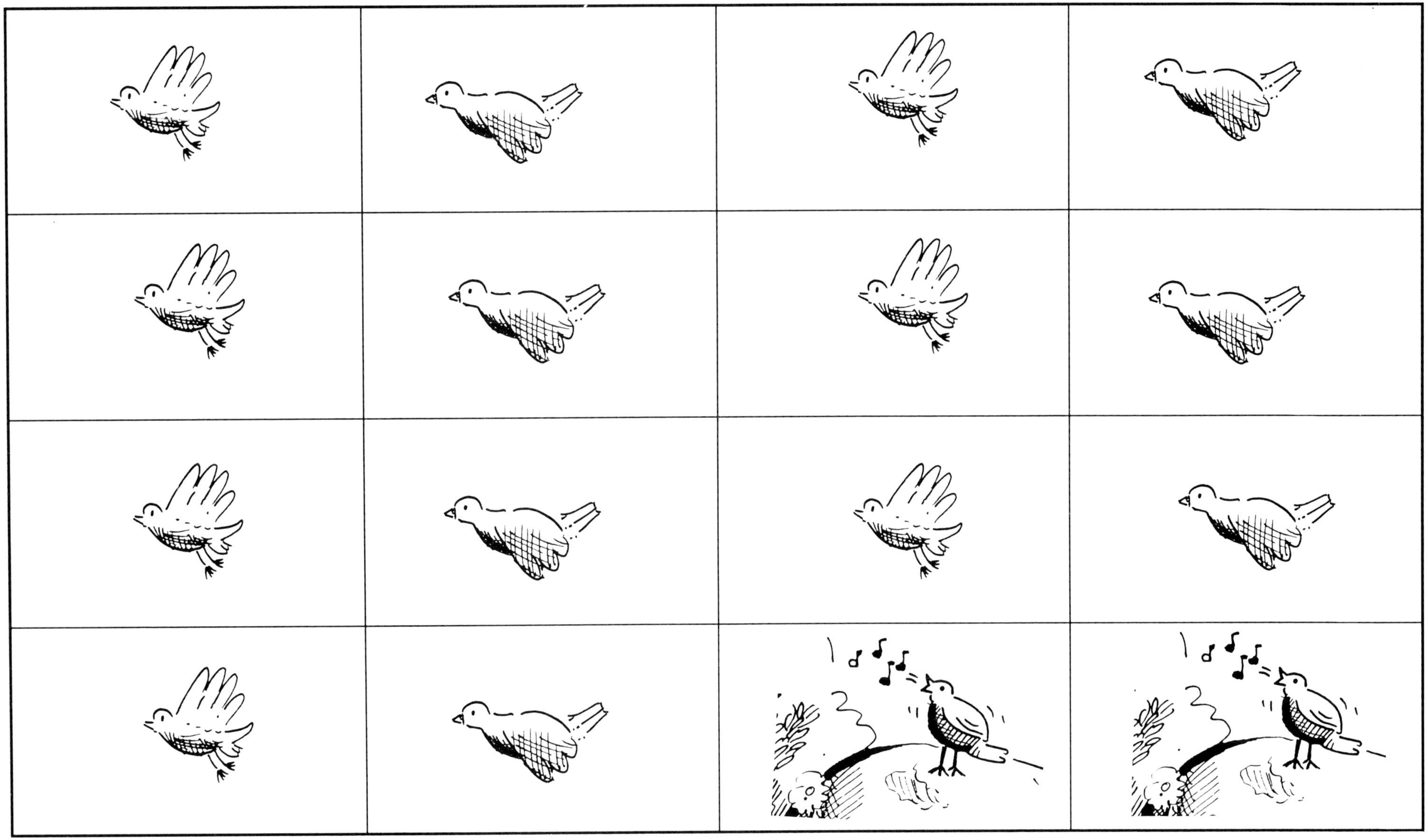

Die Phantasiemaschine

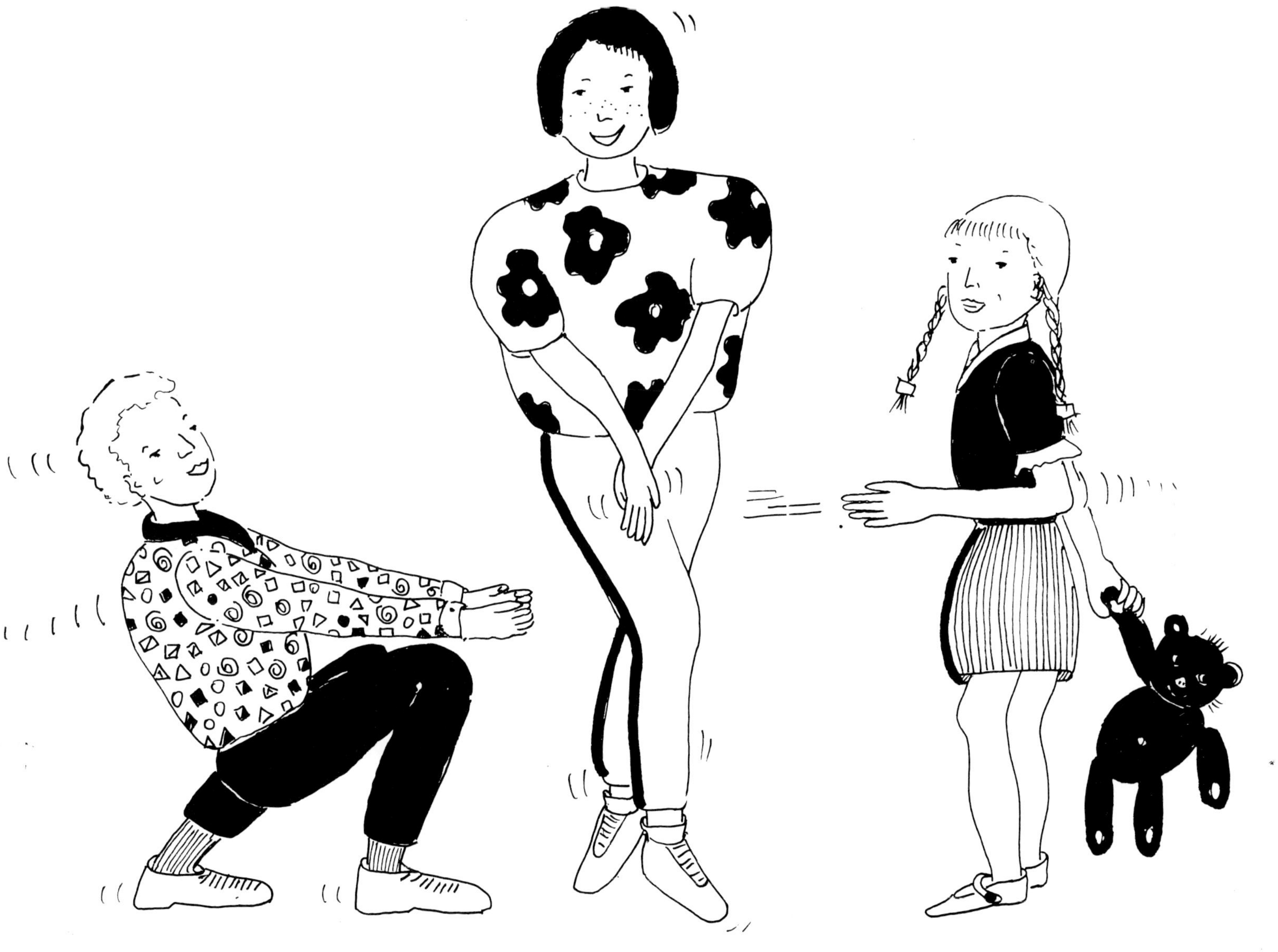

Titel: Die Phantasiemaschine

1. Die sequentielle Einbettung

Die Kinder basteln im Vorfeld eine Phantasiemaschine. Man verwende bei der Gemeinschaftsarbeit einige Schachteln, die in einer interessanten Anordnung aufeinandergeklebt werden (z.B. Roboter-Form). Knöpfe oder Plättchen werden als „Schalter" aufgeklebt oder aufgemalt.
Nun überlegen die Kinder, was die Maschine so „alles kann" . Sie bauen dementsprechend verschiedenste Utensilien als Arbeitsteile ein:

eine Schraube, einen Holzstab... als ***Bohrer***
ein Stück Schleifpapier als ***Schleifwerk***
einen Pappteller, Blumenuntersetzer, Bierdeckel... als ***Drehmechanismus***
usw..

Übergeordnete Zielstruktur: Kennenlernen von ***Arbeits- und Bewegungsgrundformen*** bei Maschinen, deren ausdruckshafte ***Körperdarstellung*** und die dazugehörigen ***lexikalischen Repräsentationen***

2. Die Charakterisierung des Liedes

Die ansteigende Melodielinie zu Beginn des Liedes soll signalisieren, daß die Maschine gestartet wird und langsam „anläuft". In den ersten beiden Takten kann man das Lied dementsprechend langsam angehen und etwas schneller werden lassen (accelerando).
Der rhythmische Ablauf ist exakt und „maschinenhaft" an den Wortsilben orientiert.
Die ***lexikalisch bedeutsamen Wörter wie „kneten", „bohren", „schleifen"..*** sind in den ***Aussagesätzen*** melodisch hervorgehoben und werden dementsprechend auch stärker betont (Dynamik). Die letzte Silbe wird wieder abgesenkt, weil gesprochene Aussagesätze am Ende eine fallende Intonation besitzen.
Die ***Aufforderungssätze*** sind wie bei der Sprechstimme ebenfalls stimmlich abfallend.
Bei den ***Fragesätzen*** wird in Analogie zur natürlichen Sprechmelodie eine aufwärtsstrebende Melodiebewegung gewählt.
Der letzte und abschließende Liedteil darf rahmengebend wieder etwas verlangsamt werden (ritardando).

3. Die sprachlichen Lernfelder	Die Inhalte
Sie kann kneten. (Sie soll/ <muß>...) Sie kann rühren. Sie kann bohren. Sie kann schleifen. Sie kann schieben. Sie kann ziehen. Sie kann drehen. Sie kann schneiden. Sie kann schrauben. usw.	Syntax: Aussagesatz: Subjekt - Prädikat Elementare Sätze: Personalpronomen, Modalverb und infinites Vollverb gleichbleibende und einfache Kongruenz von Personalpronomen und Modalverb (3. Person, weiblich, Einzahl, Gegenwart) Lexikon: Arbeitsgrundformen von Maschinen wie „kneten“, „bohren“...
Sie knetet. Sie schneidet usw.	Syntax: Aussagesatz: Subjekt - Prädikat Elementare Sätze: Personalpronomen, Verb einfache und gleichbleibende Kongruenzstruktur
Maschine, du sollst kneten! Maschine, du sollst schneiden! usw.	Syntax: Aufforderungssatz: Subjekt - Prädikat Nomen, Personalpronomen, Modalverb und infinites Vollverb gleichbleibende und prägnante (!) Kongruenz von Personalpronomen und Modalverb (2. Person, Einzahl)
Kannst du schieben? Kannst du rühren? usw..	Syntax: Fragesatz mit Modalverb Modalverb, Personalpronomen, infinites Vollverb gleichbleibende und einfache Kongruenz von Modal und Personalpronomen (umgekehrte Stellung im Satz!)
Knetest du? Schneidest du?	Syntax: Fragesatz: Prädikat - Subjekt Verb, Personalpronomen gleichbleibende Kongruenzstruktur

kneten - kneten - kneten.. schneiden - schneiden -.. rühren - rühren - rühren..	Phonetik: Die lexikaiisch bedeutsamen Kernwörter werden im Rahmen des Spiels ausdruckshaft dargestellt. *Beim Wort „Kneten" wird der K-Laut als Plosiv besonders deutlich, wenn die Tätigkeit mit den Händen ausgeführt wird - beim K-Laut also eine Faust gepreßt wird.* *Drehbewegungen beim **„Rrrühren"** und **„Drehen"** sind organlogisch.* *Schnutenartig nach vorne gestülpte SCH-Lippen bei **„Schieben"** können mit nach vorne gestreckten Händen synchronisiert werden.* *Das **„Ziehen"** mit breit gezogenen „Ziii"- Lippen wirkt im Mundraum ähnlich angespannt wie eine grobmotorisch verspürte Zugbewegung.* *Das Wort **„Schleifen"** dehnt man wohl am besten beim „ff.." und fährt gleichzeitig mit den Händen über eine Oberfläche hinweg.* *Beim **„Bohren"** und **„Schrauben"** assoziiert man das Bohrloch: der rund geformte O-Mund, bzw. das schnutenartig geformte „SCH"*

4. Die methodische Gestaltung

Die Kinder bewegen sich zunächst in einem sehr gleichmäßigen Maschinen-Rhythmus um ihre Phantasiemaschine (s.o.) herum. Das Tempo wird am besten mit einer Trommel o.ä. vorgegeben.
Es ist noch ausdrucksvoller, wenn diese eher freien Bewegungsweisen auch lautlich unterstützt werden, z.B. „bum-bum.." ; „zisch-zisch" und weitere Maschinengeräusche.
Wir verlangsamen den Rhythmus gelegentlich („das Benzin geht langsam aus"). Auch ein Stillstand ist möglich.
Die erste Liedzeile kann bei dieser Tätigkeit nun eingesungen werden.
Da die Kinder schon Vorerfahrungen besitzen (s.o.), fällt es ihnen nicht schwer, Anregungen bezüglich der Arbeitsweisen der Maschinen zu geben und diese am besten gleich handelnd vorzuführen. Sagt ein Kind z. B. „rühren" und begleitet mit einer „runden Bewegung", dann greifen wir den Vorschlag auf und beginnen das Lied mit

irgendeinem Satzmuster, z.B. „Kannst du rühren?"
Regelmäßig sollte man auch die oben angeführten phonetisch-phonologischen Übungen („rühren-rühren-rühren-schleifen-schleifen..") einbeziehen, wobei die passenden Bewegungsgrundformen stets die Sprechweisen begleiten.
- Entscheidend ist ein kontinuierlicher Aufbau.
Rahmengebend ist die letzte Liedzeile, die einen Abschluß setzt. Hier wäre z.B. denkbar, immer eine Strophe nach drei Maschinenbewegungen zu beenden.

Die Ma- schi- ne läuft jetzt an - und sie zeigt euch, was sie kann!
Sie kann kne- ten! Sie..
Sie schleift! Sie..
Ma- schi- ne, du sollst boh- ren. Ma- schi-.. usw.
Kannst du zie- hen? Kannst.. usw.
Schnei- dest du? Bohrst du?.. usw.

Zie- hen, zieh- hen, kne- ten, kne- ten, rüh-.. usw.
Das ist al- les, schaut nur zu! Dann ist wie- der Ruh!

Der Hausputz

Titel: Der Hausputz

1. Die sequentielle Einbettung

Handeln, Denken und Sprache werden stets als Einheit betrachtet. Im Haushalt z.B. gibt es vielerlei Arbeiten, die die Kinder aus ihrer persönlichen Erfahrung kennen. Überhaupt wird es immer wieder der Alltag der Kinder sein, der zum Thema gemacht, szenisch überhöht und in Versform gefaßt wird. Wir bringen einige Gegenstände aus dem eigenen Haushalt mit und legen sie als Anregung in den Spielkreis. Die Kinder benennen diese Objekte und gehen damit konkret um. Putz-, Kehr-, Spül-.. Bewegungen können auch pantomimisch durchgeführt und erraten werden. Mit geschlossenen Augen gelingt es schließlich, verschiedene Geräusche, die bei der spielerischen Verwendung dieser Gegenstände entstehen, zu hören und voneinander zu unterscheiden, z.B. einen Staubsauger, einen Teppichklopfer.., aber auch feinere Geräusche wie das Wischen eines Lappens, das Kehren eines Besens usw..
Vielleicht wollen wir bestimmte Formen der auditiven Wahrnehmung noch weiter intensivieren, indem wir die Geräusche mundmotorisch nachahmen. Typische Laute für Wischgeräusche sind SCH oder das Wort „wiSCHSCHSCHen". Beim Teppichklopfer hingegen hört man eher einen Plosivlaut wie P bzw. K oder aber man assoziiert die Wörter „patsch(en)" bzw. „klatsch(en)".
Letztlich kann auch ganz pragmatisch die regelmäßige Reinigung und Pflege eines gemeinsamen Raumes über einige Zeit hinweg zum Prinzip gemacht werden, wobei wir immer wieder einige elementare Kernbegriffe und einfache Schlüsselsätze einfließen lassen.
Es ist also wichtig, den in der Handlung gewonnenen Erfahrungsraum so nach und nach auszuweiten und dieses Handlungsfeld sprachlich nutzbar zu machen. Unser Mittel ist letztlich der gespielte Vers, welcher der Sprache und der Handlung eine besondere und eindringliche Gestalt verleiht. Der Vers wirkt prägend auf die Teile im Spiel, die keine Reimstruktur besitzen.

Übergeordnete Zielstruktur:
Spielhandlungsorientierter Erwerb einfacher grammatikalischer Strukturen zum Thema „Hausputz".

2. Die Charakterisierung des Verses

Die *schräg gedruckten Teile* sind die eigentlichen Lernfelder. Die senkrecht gedruckten Teile sind hingegen die eigentlichen Versteile. Sie verbinden refrainartig die Geschehnisse miteinander und geben der Handlung eine klare Struktur und Ordnung. Der Wiederholungscharakter wird in diesen Versteilen transparent. Je rhythmischer diese Teile gesprochen werden, desto deutlicher wird auch der semantische Gehalt des Spiels.

Zur Unterstützung eben dieser Versteile wird vorgeschlagen,

bei der 1. Strophe mitzuklatschen
bei der 2. Strophe auf das betreffende Kind zu zeigen
bei der 3. Strophe die beiden Fragesätze sprechmelodisch nach oben zu führen: ?

3. Die sprachlichen Lernfelder	Die Inhalte
	Der Vers gibt dem Text die semantische Struktur!
	<u>Syntaxmodelle der Strophe 1:</u>
	Subjekt - Prädikat (Umklammerung) - Akkusativobjekt
Du sollst den Besen holen. Du sollst..	Personalpronomen - Modalverb - Artikel + Subst./Akk - Verb(Infinitiv)
Wir wollen .. holen - Ihr müßt.. holen.	(Varianten beim Personalpronomen, beim Modalverb - später beim Objekt)
	Subjekt - Prädikat - Objekt
Ich hole den Besen. Ich hole..	Personalpronomen - Verb - Artikel + Substantiv
Er holt den Staubsauger. Sie holt..	(Varianten beim Personalpronomen und beim Objekt)
	<u>Syntaxmodell der Strophe 2:</u>
Der Mark klopft den Teppich. Der	Subjekt - Prädikat - Objekt
Mark wischt das Bad..	Substantiv/Nominativ - Verb - Artikel + Substantiv/Akk.
Er/Sie spült das Geschirr..	(Varianten: Personalpronomen, Substantiv)
	<u>Syntaxmodell der Strophe 3:</u>
Der Bernd hat den Boden gefegt.	Wechsel der Zeitform
Sie hat die Schuhe geputzt..	Perfekt - Partizip II

4. Die methodische Gestaltung

Der Erfahrungs- und Sprachstand der Kinder ist je nach sequentieller Vorarbeit (s.o.) unterschiedlich. Im einen Fall mag es sinnvoll erscheinen, Putzutensilien in den Spielkreis zu legen. Im anderen Fall ist es besser, wenn wir ein paar Kinderzeichnungen als Anregung auslegen: Tassen und Teller, Schuhe und Kleider ... Am universellsten verwendbar ist aber eine Gemeinschaftsarbeit der Kinder auf einem großen Poster: die Aufsicht/Innensicht von „unserem Haus". Die Vorderwand fehlt also - der Blick auf die Räume, das Treppenhaus.. ist frei. Man erkennt Details wie Lampen, Tische, Pflanzen...

Die permanente Wiederholung und die spielerisch-lustvolle Auseinandersetzung mit einer begrenzten Zahl von Aktivitäten ist die beste Gewähr für die Einschleifung der vorgegebenen Sprachmuster.

Während zu Beginn der Einheit das konkrete Handeln grundsätzlich noch dem Sprechvers zugeordnet wird, genügt später auch die ikonische Darstellung.

So könnte „die Steffi" auf dem Großbild über die Treppe „streichen" , während die anderen Kinder sprechen: „O wie fein! O wie fein! Der Steffi fällt jetzt noch ´was ein!" Danach sagt Hans:" Die Steffi (sie) wischt die Treppe!" Nun ist „der Hans" dran. Die Kinder sprechen: „O wie fein! O wie fein! Dem Hans, dem fällt jetzt noch ´was ein!"...

1.

Im Haus, im Haus,
da sieht es schmutzig aus!
Wir holen viele Sachen
und wollen sauber machen!

Du sollst den Lappen holen! usw.
Du mußt die Bürste holen! usw.

Ich hole den Besen! (Er/Sie holt den Besen!)
Ich hole den Lappen! (Er/Sie holt den Lappen!)
(Eimer, Gießkanne, Staubsauger, Putzmittel, Teppichklopfer..) usw.

Du holst den Besen! Du holst.. usw.

2.

Jetzt fangen wir an.
Der Hans (die Sabine) ist dran!

Er (Sie) klopft den Teppich!

O wie fein! O wie fein!
Der Steffi fällt jetzt noch ´was ein!
Er (Sie) spült das Geschirr! (die Tassen, die Teller..)
Er(Sie) wischt die Treppe! (die Lampe, das Regal, den Boden..)
Er (Sie) putzt das Fenster! (die Tür, das Bad, die Schuhe..) usw.

3.

Alles ist **sauber**! So soll es **sein**!
Wer hat **geholfen**? Fällt euch das **ein**?

Die Sabrina hat die Schuhe geputzt!
Der Bernd hat den Teppich gesaugt!
Die Eva hat den Boden gefegt!
usw.

Wie **sauber** ist´s im **Haus**!
Wir **ruhen** uns jetzt **aus**!

Der Bubbel und die Babbel

Titel: Der Bubbel und die Babbel

1. Die sequentielle Einbettung

Diese letzte Einheit möchte Leserinnen und Leser dazu anregen, bei der Sprachförderung einen etwas ungewöhnlichen Weg über Kunstwörter zu gehen. Dieser Weg ist voraussetzungsgebunden (Sprachentwicklungsstand!) und erfordert methodische Konsequenz und Gestaltungsfreude bei allen Beteiligten.

In einigen Liedern stützen Silben ohne vordergründige Bedeutung das Klanggeschehen. Oftmals ist es nur ein „La-la-la.." , mit dem eine Melodie gesungen wird. Manchmal unterstreichen aber auch klingende Silben (fremdsprachliche Texte, Unsinnsilben..) die Fröhlichkeit oder den Witz eines Liedes. Bestimmte Effekte erzielt man auch in Abzählversen, Kniereitersprüchen, Zauberformeln.., wenn mit Silben gespielt wird.

Das vorliegende Lied enthält ebenfalls besondere Wörter, nämlich solche ohne konventionelle Bedeutungen. Die Besonderheit dieses Textes ist allerdings, daß trotz seiner „fehlenden" Semantik die Worte und Sätze unserer deutschen Grammatik entsprechend geformt sind. Der Text wirkt daher komisch: er ist wohlgeordnet, klingt lustig und ist trotzdem unverständlich.

Es geht hier darum, im Rahmen der Sprachförderung zum einen das bereits vorhandene strukturierte Sprachwissen abzuprüfen, zum andern soll aber das Sprachgefühl unserer Kinder weiter aufgebaut und die morphologisch-syntaktische Denkweise gestärkt werden. Der kreative und abwechslungsreiche Gebrauch von lustigen Kunstwörtern kann bei verbal unsicheren Kindern allerdings nur dann greifen, wenn man mit einfachen Sprechformeln anfängt, die unserem deutschen Sprachsystem entsprechen.

Die im Lied stets sich wiederholenden und spielerisch sich verändernden Texte schaffen sukzessive eine gewisse Vertrautheit mit syntaktischen Abfolgen, über die das Kind noch nicht sicher verfügt. Man sollte aber auf jeden Fall mit sehr elementaren Formen beginnen. Eine Möglichkeit wäre z.B. ein Ratespiel, bei dem ***Kunstwörter eine Stellvertreterfunktion*** haben, etwa:

*Mein **Murx** ist im Raum.*
*Mein **Murx** ist rot.*
*Mein **Murx** ist rund.*
*Mein **Murx** kann hüpfen. → Der Murx ist ein Ball!*

Wir geben also den semantischen Bezug nicht auf, schon weil die Kunstwörter nur einen kleinen Teil des

Textes ausmachen. Im Gegenteil - die Suche nach Sinn ist erforderlich und kann nur mit einer sehr bewußten Sprachhaltung glücken!
Um dem Prinzip der Spielbarkeit treu zu bleiben, wählen wir Themen wie „AUF EINEM FREMDEN PLANETEN" oder „IM SPASSLAND". Dann ist es auch möglich, Gegenstände und Handlungen zu verfremden. Mit wortschöpferischen und lautmalerischen Gestaltungen schaffen wir sodann ein sprachliches Äquivalent - so z.B.:

Bildvorlagen der Kinder: eine Art „Raumfahrzeug", ein weinendes Kleinmonster ..

Zuordnen der Kunstwörter: krielen, malmen, tacken..

Mögliche Sätze: Das Monster krielt! Die Monster krielen! Es krielt, wenn..!
Raumfahrzeuge malmen - das klingt so: „Malm - malm - malm.."

Wir erkennen, daß sich Kinder gerne (sprach-)handelnd in Phantasiewelten hineinbegeben. Ihre bereits vorhandenen sprachstrukturellen Ansätze lassen sich in diesen anderen - positiv besetzten - Spielwelten leichter entfalten. Wir schätzen aber diese Spiele vor allem wegen der späteren Transfereffekte: ein besseres Hinhören auf Lautmalereien in der deutschen Sprache und ein Übertragen der morphologisch-syntaktischen Strukturen in den konventionellen Sprachbereich hinein sind unser eigentliches Ziel.

<u>Übergeordnete Zielstruktur:</u>
Kreativer Umgang mit der deutschen Sprache im Sinne ihrer regelhaften morphologisch-syntaktischen Struktur - Aufbau von Wort- und Satzstrukturen über Kunstwörter. (Über einen semantischen Bezug darf ständig nachgedacht werden!)

2. Die Charakterisierung des Liedes

Die Melodie ist insgesamt lustig und beschwingt. Vom Schwierigkeitsgrad her entspricht sie durchaus normalen Kinderliedern: die Bewegtheit, der Tonraum, die Synkopierung. Bei Bedarf kann das Lied auch in vereinfachter Weise gesungen oder gesprochen werden. Wichtig ist nur eine gewisse Lebendigkeit und der Spaß beim schnellen Umsetzen des Gesungenen in Handlung und Gestik!

3. Die sprachlichen Lernfelder	Die Inhalte
	Morphologie, Semantik:
rapsen, mapfen, billen, pitzen, bunken, krielen, knatschen...*	Verbformen im Infinitiv - was könnten sie bedeuten? (evtl. auch phonetische Auswertung, z.B.: mapf <Mundbewegung>)
Sie knatscht! Er mapft! Ich bunke..! Pfleim, Knurk.. die Pfleime, die Knurke	Personalpronomen - Kunstverb (konjugiert) Substantive als Objekte (dekliniert)
	Syntax:
Die Babbel rapst! Der Bubbel rapst! Rapst die Babbel oder der Bubbel? Beide rapsen!	Kunstverben im Sätzen
Er knatscht den Pfleim! Sie mapft die Knurke!.. *Er mapft das Knatt! Sie mapft das Knatt! Dann sind sie beide satt!*	Kunstverben und Kunstnomen in Sätzen und weitere Variationen

4. Die methodische Gestaltung

Um die Kinder nicht zu überfordern, müssen wir uns behutsam in die Kunstwelt vorwagen (s. sequentielle Einbettung!). Ausgangspunkt ist immer der augenblickliche sprachstrukturelle Entwicklungsstand der beteiligten Kinder.
Unter Beachtung dieser Vorgabe kann davon ausgegangen werden, daß eine gute Motivationslage erhalten bleibt, wenn man nicht zu weit ausholt, sondern einen eingeschränkten begleitenden

* die Kinder sollen hier nach Möglichkeit selbst kreativ mitgestalten!
Bespiele: RAPSEN = die Hände vom Körper abstrecken und die Finger hierbei schnell bewegen
MAPFEN = den Mund schnell öffnen und schließen
BUNKEN = breitbeiniges Auftreten auf dem Fußboden
KNATSCHEN = beide Hände fest (auf den Boden) pressen
PFLEIM = verformbare Masse wie Lehm , Plastilin oder Knetteig
KNURK= Kartoffelchips o.ä.

Handlungsrahmen schafft, in dem immer mehr die lustigen Ideen der Kinder zum Tragen kommen. Vielleicht genügen zunächst zwei bis vier Kunstwörter. Eine individualisierte Ausweitung kann danach situativ erfolgen.

Möglicher Weg:

Die Kinder „sind auf einem fremden Planeten" und erfinden Gesten , die es eigentlich bei uns nicht gibt, z.B. Grimassen, Fratzen, ulkige Bewegungen, merkwürdige Schreie. Auch Malereien wie Phantasietiere, Roboter, geheimnisvolle Pflanzen.. regen das Denken der Kinder an. Danach wird versprachlicht, z.B.:

„ein merkwürdig schreiender Vogel mit Stacheln , der schmatzend frißt"

Zuordnung:

Er könnte „pitzen" (stechen), „krielen" (schreien) oder „mapfen" (fressen)

Unsere Darstellung zeigt deutlich, in welcher Nähe zu lautmalerischen Wörtern unserer Sprache wir uns bei dieser lustigen Zuordnung befinden: *„pitzen" → pieksen ; „krielen" → kreischen; „mapfen"→ mampfen .*
Daraus ergibt sich für uns der Anspruch, die hier begonnene Arbeit mit lautmalerischen Texten (Liedern/Versen) in den konventionellen Bereich unserer Sprache fortzuführen.
Um es deutlich zu betonen:

> Wir wollen nicht Kunstwörter als solche zur Gewohnheit werden lassen. Wir zentrieren bei dieser Tätigkeit lediglich die deutschen Sprachstrukturen, die es zu automatisieren gilt.

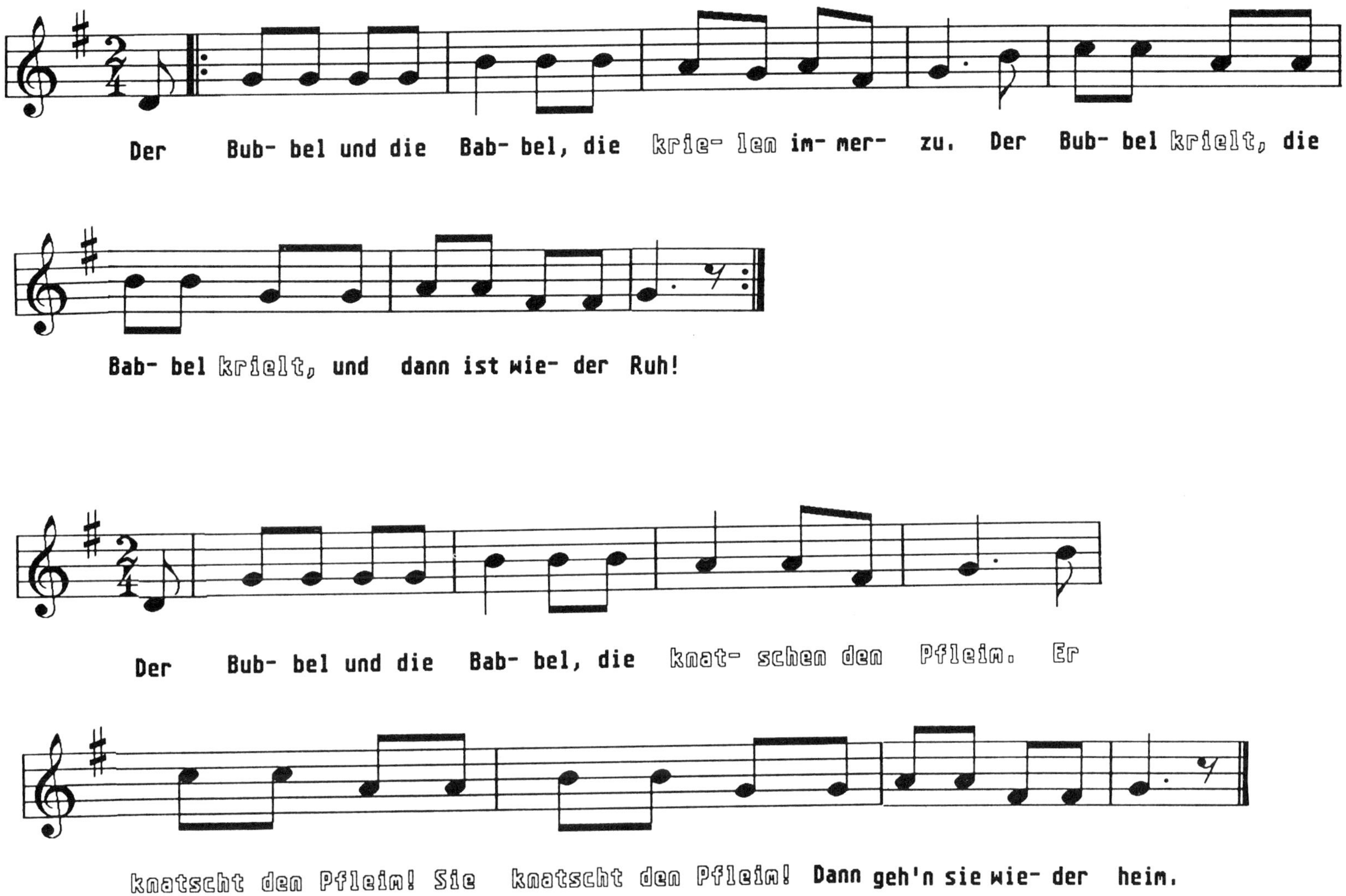
Der Bub- bel und die Bab- bel, die krie- len im- mer- zu. Der Bub- bel krielt, die
Bab- bel krielt, und dann ist wie- der Ruh!
Der Bub- bel und die Bab- bel, die knat- schen den Pfleim. Er
knatscht den Pfleim! Sie knatscht den Pfleim! Dann geh'n sie wie- der heim.

DIE PRAXISBÜCHER VON GISELHER GOLLWITZ

- 100 neue Sprechspiele - Band I
- 100 neue Sprechspiele - Band II
- 100 neue Sprechspiele - Band III
- Sprechspiele für Näsler
- Sprach- und Kommunikationsförderung in musischen Einheiten
- Bildermix zum Sprechen lernen
- Mit Krimskrams spielend Sprechen lernen
- Laute erleben, finden und gestalten
- Tiergeschichten zum Sprechen lernen
- Kasperltheater zum Sprechen lernen
- Heiteres Tierratespiel
- Musikalische Geschichten zum Sprechen lernen (Lehrbuch mit Musikkassette)
- Geheimnisvolle Wortzaubereien(Kartenspiel)
- Die Praxis einer ganzheitlichen Sprachförderung
- Richtig und fließend Sprechen lernen
- Vom Laut zur Grammatik
- Verse und Lieder zum Sprachaufbau

Aktuelle Prospekte können jederzeit angefordert werden !